Escorpião

Obras do autor publicadas pela NOVA ERA:

Anuário de astrologia Nova Era 2006
Max Klim

A história reinterpretada pela astrologia
Max Klim

Outras obras sobre astrologia:

Aniversários: um olhar astrológico sobre a vida
Monica Horta

Os astros comandam o amor
Linda Goodman

Os signos e as mulheres
Judith Bennett

Seu futuro astrológico
Linda Goodman

Seu horóscopo chinês para 2008
Neil Somerville

Seu horóscopo pessoal para 2008
Joseph Polansky

Signos solares para o século XXI
Babs Kirby

Max Klim

COLEÇÃO VOCÊ E SEU SIGNO
Escorpião

4ª EDIÇÃO

CIP-Brasil. Catalogação-na-fonte
Sindicato Nacional dos Editores de Livros, RJ.

K72e   Klim, Max
4ª ed.   Escorpião / Max Klim. – 4ª ed. – Rio de Janeiro: Record:
    Nova Era, 2008.
    -- (Você e Seu Signo)

    Inclui bibliografia
    ISBN 978-85-7701-285-5

    1. Horóscopos. 2. Astrologia. I. Título. II. Série.

01-1350   CDD – 133.54
                          CDU – 133.52

Copyright © 2001 by Carlos Alberto Lemes de Andrade

Ilustrações de miolo e de capa: Thais Linhares

Todos os direitos reservados. Proibida a reprodução,
no todo ou em parte, sem autorização prévia por escrito da editora,
sejam quais forem os meios empregados.

Direitos exclusivos desta edição reservados pela
NOVA ERA um selo DA EDITORA BEST SELLER LTDA.
Rua Argentina 171 – Rio de Janeiro, RJ – 20921-380 – Tel.: 2585-2000

Impresso no Brasil

ISBN 978-85-7701-285-5

PEDIDOS PELO REEMBOLSO POSTAL
Caixa Postal 23.052 – Rio de Janeiro, RJ – 20922-970 EDITORA AFILIADA

Por toda uma saudade,
a Cláudia Beatriz, eterna presença.
E Marco Aurélio e Brunno Sérgio,
razão de vida, sonhos e esperanças...

Sumário

Prefácio 9

PARTE 1
Introdução 11

Os Astros Governam nossa Vida 13

Capítulo 1 — Os Astros e o Ser Humano 17
A influência dos astros 19
A polêmica das previsões 37

Capítulo 2 — A Astrologia sem Mistério 43
O horóscopo, uma distração 45
O enigmático zodíaco 47
Os signos 48
Termos-chave da astrologia 52
A natureza e a astrologia 63
A influência da Lua 66
Os elementos 68
Os decanatos 70
O que significam os planetas 72
O dia da semana 74
Os ciclos e eras astrológicos 76
Era de Touro 78
Era de Áries 80

MAX KLIM

Era de Peixes   82
Era de Aquário   85

PARTE 2

Capítulo 3 — Escorpião 91
Abertura   93
Eu desejo...   95
A personalidade escorpiana   98
Conceitos-chave positivos   111
Conceitos-chave negativos   113
Exercícios escorpianos   115
O homem de Escorpião   116
A mulher de Escorpião   118
O amor e o sexo em Escorpião   121
As combinações de Escorpião no amor   124
A saúde e o escorpiano   130
O trabalho escorpiano   132
Os muitos signos nos decanatos de Escorpião   135

Capítulo 4 — O Temperamento 141
O ascendente revela os seus segredos   143
Como calcular o ascendente   145
    Tabela 1 — Horário de Verão   149
    Tabela 2 — Correção Horária   150
    Tabela 3 — Hora Sideral   151
    Tabela 4 — Signo Ascendente   152
As combinações de Escorpião e o ascendente   153
    Escorpião com ascendente em: 154

Bibliografia 161
O Autor 165

Prefácio

Este livro nasceu de uma dúvida e muitas certezas. A dúvida a tive ao começar a escrever sobre astrologia há mais de trinta anos, como recurso jornalístico de necessidade editorial momentânea. As certezas vieram com a constatação de que muitas das coisas que aprendi em astrologia se materializaram em realidade que não havia como contestar ou negar.

À medida que o cético pesquisador se aprofundava no seu trabalho, muitas dessas verdades nasciam, reafirmando-me a crença de que não se tratava de mera coincidência a constatação de um enorme volume de dados sobre o temperamento humano, quando analisado sob a ótica da posição astral de alguns corpos celestes.

Não foi uma certeza de fácil absorção a quem se mostrava disposto a demolir mitos e desmanchar toda uma série de "crendices" que a arrogância do intelecto atribuía ao despreparo e à simplória ignorância. Obtive-a em meu próprio modo de ser e me comportar, quando me vi diante de inexplicáveis tendências e arroubos incompatíveis com um comportamento racional.

Nativo de Áries, tive em meu signo as respostas a dúvidas tais, a ponto de me aprofundar ainda mais na busca pela verdade que os astros encerram. E as encontrei em muito do que chamo de *astrologia de características*, o estudo mais sério e determinado daqueles que se interessam por desvendar os mistérios da natureza humana.

Tornar tudo isso acessível é a proposta deste trabalho, resultado de pesquisas e da busca incessante pela comprovação das mais diferentes teorias e conceitos. Fazer deste estudo uma ferramenta de ajuda aos outros foi o passo seguinte, natural e previsível.

PARTE 1

Introdução

Os Astros Governam nossa Vida

As mais recentes pesquisas do telescópio Hubble mostram que existem no Universo mais de 250 milhões de galáxias com bilhões de sóis iguais ao nosso, o que revela a existência de um campo progressivo de força e energia, gerador de campos gravitacionais que interferem em todo o Universo. Se somos matéria, o que vale dizer, energia em determinado estado de vibração, não resta dúvida de que toda essa força existente no Universo há de interferir, de uma forma mais sutil ou mesmo em graus mais intensos, em nossa forma de ser.

Isso explica a astrologia e nos dá um caminho para entender por que seres de diferentes origens apresentam semelhanças em sua maneira de agir e de reagir, como se fossem guiados por uma mesma energia.

Quando dizemos que o nativo do signo de Escorpião age de forma determinada e rigorosa na busca de todos os seus objetivos de vida, estabelecendo metas e as buscando com fixação por vezes o torna teimoso, estamos simplesmente afirmando que as pessoas nascidas no planeta Terra, quando ele se encontra em determinado ponto do espaço, recebem o mesmo feixe de influências geradas por esses milhões de galáxias que agem em conjunto na formação da energia que move o universo.

E isso se aplica a todos os signos, de forma quase exata, levando-nos à certeza de que os movimentos do planeta Terra em torno de si mesmo, circundando o Sol e se inserindo na evolução do sistema solar dentro da nossa galáxia, que também está em movimento, influenciam sistemas, planetas, continentes, mares, terra e gente... Não há como negá-lo.

Essa energia transmudada em matéria que forma nosso corpo é passível de influências externas, e nesse aspecto entram os conceitos de astrologia como forma de detecção de temperamento, personalidade e comportamento.

Analisando os signos, chega-se facilmente à conclusão da similitude de elementos entre os nativos de um mesmo período, como se todos os que nascem quando os movimentos de translação, rotação e da caminhada da Terra em direção a outro ponto da Via-Láctea absorvessem os mesmos dons e a mesma capacidade e debilidade.

Por isso, quando se recomenda, por exemplo, a um nativo de um signo um pouco mais de abertura em seus contatos humanos, toca-se em característica comum daquele signo que tem nas suas características a introversão; ou seja, a introversão faz parte de um tipo específico de influência para os que nascem em um dado período — quando um planeta passa por determinada constelação. E isso se repete signo a signo, de uma forma impressionante.

Se há energia ou força cósmica gerando os mesmos elementos de influência, conhecê-los, dirigi-los e controlá-los é mudar nossa própria vida, buscando os pontos ideais que todos pretendemos em nossa existência com o emprego dessa mesma força e energia. E isso é possível...

O autoconhecimento é a ciência de nossos pontos mais fortes e das características mais frágeis de nosso temperamento e de nossa personalidade. Uma ciência que nos faz pessoas mais capazes por lidarmos com coisas que sabemos passíveis de mudança ou atenuação.

Isso vale tanto para a criatividade arietina, a segurança taurina, a indecisão geminiana, o isolacionismo canceriano, o exibicionismo leonino, o detalhismo virgiano, o equilíbrio libriano, o passionalismo escorpiano, o senso crítico sagitariano, as exigências capricornianas, os avanços aquarianos e o misticismo pisciano. Para todos os nativos de um determinado signo, os elementos são os mesmos e se repetem.

Cabe-nos dirigir nossas energias, conhecendo bastante nossos pontos fortes e fracos para saber o que fazer quando eles se manifestam. Isso nos torna pessoas mais perfeitas, embora não se pretenda, por impossível, remover-se traços de temperamento e caráter.

A astrologia é uma das mais perfeitas dessas ferramentas e podemos usá-la em todos os instantes em nosso cotidiano de trabalho, nos relacionamentos, nos projetos, em família, no amor e em tudo o que fazemos.

Não se usa a astrologia como forma mundana de adivinhação barata. Sem ser ciência, o estudo das influências dos astros sobre nosso temperamento é uma proposta de estudo em um campo que o ser humano ainda não conhece inteiramente. Um estudo válido e que pode nos tornar bem melhores do que somos.

Capítulo 1

Os Astros e o Ser Humano

...Ao derramar ao solo a semente, busque fazer com que o seu deus particular zele por ela e a faça brotar. Ore para Astatéia e observe as estrelas que dirão do tempo para sua colheita e o levarão à abundância e à fartura...

Conselho em tabuinha com escrita cuneiforme, do século VI a.C., descoberta em Beitsun, na Pérsia, atual Irã, em 1836.

A influência dos astros

A crença na influência dos astros sobre a nossa vida se perde no tempo. Desde que o primeiro homem observou o movimento das marés ou determinou a época mais conveniente para o plantio, associando-o às fases da Lua, muito se falou e se acreditou sobre a influência astral no comportamento do ser humano, na nossa forma de ser e até mesmo na determinação de nosso destino.

Hoje, até o mais descrente dos seres não deixa de reconhecer a importância da astrologia para muitas pessoas. E muitas delas nada fazem sem a consulta diária ao seu horóscopo. Milhões buscam avidamente as análises de mapas astrológicos que, sofisticados, se utilizam dos mais avançados recursos da tecnologia para analisar a influência dos planetas e corpos celestes sobre a vida humana.

Ainda que muitos não acreditem em previsões e mapas, e o façam com razão, pois em sua maioria eles são feitos de forma aleatória e sem a consideração ao fato de que o ser humano não vive só no mundo e que no nosso cotidiano somos parte de grupos, sujeitos à interação social, nos obrigamos a reconhecer que alguma coisa existe em torno do alto nível de acerto das análises astrológicas de temperamento e personalidade.

Por isso, a constatação de que existem análises com índices de acerto de mais de 70% quanto à característica dos analisados confere à astrologia de características um grau de acerto superior a muitas das chamadas "ciências". E, em razão disso, ela vem sendo usada, a cada dia com maior sucesso, nas mais diferentes atividades, para determinar as características de uma pessoa, suas tendências, qualidades e fraquezas.

Já se faz seleção de pessoal por astrologia, com análises que apontam aptidões e potencial, todas comprovadas na prática de grandes e pequenas empresas. Até mesmo na criminologia mais moderna realiza-se a análise do caráter de infratores com a determinação do mapa astral de suas características.

Em muitos países, funcionam centros de investimento baseados em astrologia, o que vem confirmar seus estudos para a observação do comportamento do ser humano, suas características mais marcantes, seu potencial e seus pontos fracos e fortes.

Com isso, chegamos a ponto de poder afirmar, com certeza, que a astrologia, se usada como elemento auxiliar de auto-análise, vai permitir a uma pessoa conhecer-se melhor usando um dos mais populares e confiáveis elementos de auto-ajuda de que se tem notícia. E com a vantagem de ser um elemento acessível ao nível de cultura da maioria das pessoas. É

ESCORPIÃO – COLEÇÃO VOCÊ E SEU SIGNO ♏ 21

lógico, sem a infalibilidade de ciência exata, mas como complemento a outras das chamadas ciências sociais. Um apoio importante para que passemos a nos ver de forma mais correta.

E isso pode ser avaliado pelo fato de que todo nativo de Áries, por exemplo, pode cometer erros pela sua costumeira e universal tendência à precipitação em algumas de suas atitudes. Quando fazemos tal análise, não estamos avançando sobre nenhum dogma da ciência ou da religião.

Na verdade, todo nativo do primeiro dos signos, o arietino, tem uma forte tendência a agir primeiro e pensar depois. A isso se chama precipitação, que, descontrolada, constitui uma forma destrutiva e negativa de comportamento. Uma vez que o arietino conheça dessa tendência e forma de comportamento, nada mais natural que controlá-la, agindo no sentido de utilizar-se de ajuda que pode ser fundamental em sua vida.

E os exemplos não ficam apenas por conta da maneira voluntariosa de ser do nativo de Áries. Todos os outros signos apresentam elementos comuns de deficiências e de qualidades que podemos controlar e moderar ou ampliar, fazendo-nos melhores diante de um mundo que busca a perfeição em todos os seres humanos, a ponto de torná-la compatível com uma era em que a competição alcança níveis exagerados.

Pensando nas 12 casas do zodíaco, e como antecipação da análise individual dos signos, podemos afirmar com segurança, à maneira do que fizemos com o nativo de Áries, que: todo taurino tem um comportamento teimoso e persistente que deve ser canalizado para aquilo que exige permanência; o nativo de Gêmeos mostra a curiosidade e a versatilidade que o fazem notável anfitrião e bem-sucedido profissional dos setores que exigem tais qualidades; o canceriano é maternal e intuitivo, fazendo disso base para atividades que exigem elementos fortes de apego à vida em família; o leonino, um ator em busca do aplauso de seu público, está sempre capacitado à liderança de grupos; o nativo de Virgem é o mais exímio dos profissionais pelo seu apego aos detalhes e sua capacidade analítica, e o libriano, encarnando o equilíbrio do centro do céu zodiacal, é o juiz mais criterioso e o mais judicioso dos julgadores. Assim, vale também para o nativo de Escorpião a afirmativa de que seu caminho se liga à investigação e à atividade criadora que exigem paixão; o sagitariano, sempre em busca da liberdade, melhor se dá em atividades que não tolham sua iniciativa; o capricorniano, sempre prático e tradicionalista, é capaz de enfrentar a mais repetitiva das tarefas, sem esmorecer; e o aquariano, sempre visionário e adiante de seu tempo, é capaz de absorver avanços com a maior naturalidade, enquanto o nativo de Peixes se mostra um ser espiritualizado e introvertido, confiável para tudo o que exija moderação.

É claro que uma análise superficial não nos permitiria a exata definição do caráter e da maneira de ser de cada pessoa apenas com afirmativas simples como estas. Há sempre a necessidade de se aprofundar um pouco mais a análise para que descubramos, em cada um de nós, nosso potencial mais ampliado, nossas deficiências mais marcantes e nossas qualidades mais evidentes.

Isso pode ser feito no sentido de nos possibilitar um quadro completo de características que nos indicarão o melhor caminho a seguir em nossas vidas, eliminando inadaptações e inadequações de comportamento, superando frustrações e angústias e fazendo com que, nos conhecendo melhor, encontremos, senão a felicidade, um pouco mais de entendimento sobre alguns dos "mistérios" que cercam nossa forma de ser e agir e que, embora comuns a milhões de pessoas, ninguém até hoje conseguiu explicar com exatidão.

É na astrologia que podemos buscar a explicação de diferenças para personalidades e caminhos sólidos na profissão, nos relacionamentos pessoais e afetivos, na forma de reagir diante do mundo, na maneira com que recebemos a influência de nosso grupo ou que reagimos a essa influência. Tal explicação, quando feita com base técnica correta, nos permite olhar para nós mesmos e saber como levar o desafio que a vida nos oferece com maior tranqüilidade, maior aceitação e maior felicidade.

Conhecer-se pela astrologia é um processo de fácil assimilação e de resultados surpreendentes, como se pode constatar por aqueles que superaram falhas graves em sua maneira de ser apenas conhecendo dessa característica ou tendência, evitando assim bons e grandes problemas.

A partir desta observação, se pode concluir que é possível e nos cabe controlar atributos próprios de nosso signo e superar obstáculos e empecilhos que, de outra forma, só conseguiríamos com muita luta e dificuldade. Os que tentaram comprovam a possibilidade de melhorar o desempenho profissional e pessoal pelo maior conhecimento da própria potencialidade. Uma potencialidade que, em última análise, é influenciada pelos astros.

Mas a experiência não vem apenas dessa simples constatação. Fatos ocorridos com pessoas cuja vida é de domínio público nos fazem aceitar a validade desse princípio. Os astros realmente marcam para cada uma delas elementos que são características definitivas em suas existências. Nomes e casos famosos ilustram essa conclusão e mostram de forma bem eloqüente que há alguma coisa específica que distingue tais pessoas.

♈ ÁRIES, O VENCEDOR: O PÓDIO EM PRIMEIRO LUGAR

Sua busca pelo primeiro lugar o levou, de forma inevitável, ao mais competitivo dos esportes. A Fórmula 1 era o caminho natural do paulista Ayrton Senna da Silva, nascido às 02h35 do dia 21 de março

ESCORPIÃO – COLEÇÃO VOCÊ E SEU SIGNO ♏ 25

de 1960, um arietino. Obcecado pelo primeiro lugar, inovador nas técnicas do automobilismo, pioneiro em muitas de suas iniciativas, ele jamais se contentou em ser segundo de alguém. Voluntarioso, independente, arrogante diante do adversário e generoso com os amigos, Ayrton soube canalizar a ânsia pela vitória e garra típicas de seu signo para uma atividade coerente com seu perfil astrológico. Até seu último momento de vida foi marcado pelo seu próprio signo, Áries. A morte na curva Tamburello, em Imola, na Itália, se deu exatamente por um acidente com o ponto fraco do organismo e da fisiologia do nativo de Áries, a cabeça.

♉ TOURO, COM OS PÉS NO CHÃO: UM TEIMOSO GENERAL

Aquela figura de guerreiro impressionava até mesmo o mais descrente dos inimigos. Adoentado, ele insistia em ir ao campo, na manhã fria de um final de abril de 1866. Não sem antes ser duramente criticado por seus próprios colegas generais em guerra no Rio da Prata. Era ele Manoel Luís Osório, um taurino nascido no Rio Grande do Sul, em 10 de maio, e considerado um dos maiores nomes na História das Américas em todos os tempos. Sua valentia, sua determinação e, mais que tudo, a persistência da busca de seus objetivos pessoais na vida militar e nas atividades civis eram marcas pessoais. Em campos de

26 MAX KLIM

guerra, foi avaliado como um ser humano "teimoso como um boi empacado", pelo argentino Venâncio Flores, que o apontou como o maior general do hemisfério sul em todos os tempos. Em batalha, é ferido na região occipital (parte ínfero-posterior da cabeça), área de seu corpo governada por seu signo.

II GÊMEOS, A DUALIDADE:
O PRESIDENTE E A CONTROVÉRSIA

Um homem feito para as grandes conquistas, um anfitrião que encantava a todos os que recebia, um curioso observador da vida e da gente, perspicaz e de gênio franco que dele fazia um político de reações súbitas e espontâneas. Assim era John Fitzgerald Kennedy, um geminiano nascido em 29 de maio, em uma família de origem irlandesa e católica, contradições geminianas na sociedade predominantemente puritana dos Estados Unidos. Kennedy se destacou como político pela sua imensa capacidade de vislumbrar todos os ângulos de uma questão. Com as virtudes de seu signo, por elas se perderia. Foi indeciso na tomada de decisões importantes na vida americana, titubeando quando do início da escalada da guerra no Vietnã e na questão da Baía dos Porcos, contra Cuba. Sua personalidade brilhante e presa ao *grand-monde* da Camelot dos sonhos americanos conquistou o mundo, e sua morte, na Helm Street, em Dallas, no dia 22 de novembro de 1963, transformou-se em uma das maiores polêmicas do século XX com as mais diferentes versões sobre um fato histórico para o mundo moderno. E aí cumpriu-se a sina dos nativos de seu signo: a polêmica até com a morte.

♋ CÂNCER, O NACIONALISTA: "ATÉ TU, BRUTUS?..."

Uma das maiores figuras da história, o imperador romano Caio Júlio César, nasceu no dia 12 de julho e sua vida e seus atos revelam bem as características do signo de Câncer. Nacionalista que conseguiu unificar e ampliar os domínios de Roma, o seu lar, sua casa, sua terra, foi responsável por grandes reformas na vida da maior civilização de seu tempo. Humanitário, maternal em seus sentimentos, era intuitivo e escreveu a história de sua época, com rara inventividade nas técnicas de guerra e na estratégia da conquista. O gênio militar, autor de momentos gravados para a posteridade, ao romper o *status* de um Império com o seu *alea jacta est* no Rubicão, na caminhada rumo ao poder com a volta a Roma, mostrou determinação para enfrentar o Senado todo-poderoso. O canceriano cumpria a sua sina. Extremamente apegado à família, era acusado pelos seus críticos de excessivo egoísmo. A conspiração para matá-lo, envolvendo seu filho adotivo Brutus, se materializou nas escadarias do Senado e o brutal ataque que o feriu seguidas vezes no peito e no estômago fez cumprir, no físico e nas circunstâncias da morte pelas mãos do próprio filho, a sina do canceriano.

♌ LEÃO, O CONQUISTADOR: DE POBRE A IMPERADOR

De origem duvidosa e humilde na Córsega, aquele militar que se alistou menino no Exército francês poucas chances tinha de galgar os degraus da fama e da glória. Mas Napoleão Bonaparte, o gênio que marcaria a história do mundo pela sua incontestável liderança, foi capaz de mudar seu destino e fazer com que da linha de frente na guerra contra o Egito chegasse ao Palácio de Versalhes, numa típica ação leonina. Nascido em 15 de agosto, de família pobre, com descendência incerta, sem nome e sem proteção, em uma ilha que não se considerava parte da França, a Córsega, era um ser fadado a liderar. Sua pequena estatura não evitava sua excessiva vaidade. Foi um gênio na arte de fascinar e comandar pessoas. Arrogante, criativo, romântico, chegou à crueldade e ao instinto ditatorial em determinados momentos de sua vida. Adorado pelos franceses, foi um ator de seu tempo à frente do palco do mundo à espera do aplauso. Morreu em 1821 de causa ainda não explicada, mas, que se suspeita, provocada por um veneno que procurava simular um ataque cardíaco. Foi, até na morte, um típico líder, nativo de Leão.

♍ VIRGEM, O DETALHISMO: A DAMA E O SEU MISTÉRIO

De sua pena surgiram os mais intrincados mistérios da novela policial em todos os tempos. Arguta observadora do caráter humano, capaz de identificar em minúcias aquele pequeno detalhe que aos outros passaria despercebido, Agatha Christie foi a típica virgiana, a mulher que simboliza o signo do relojoeiro, o profissional das peças pequenas, do cuidado, do estudo minucioso, perfeccionista acima de tudo. Considerada nos meios literários europeus uma operária das letras, era uma figura que os seus mais íntimos classificavam de extremamente exigente, misteriosa e de difícil contentamento. Agatha Christie encarnou por toda a sua vida, e como ninguém, o típico nativo de Virgem. Nascida em 15 de setembro, ela soube dar ao gênero que escolheu para suas criações literárias a persistência de tramas sempre detalhistas e intrincadas. Conquistou o mundo com suas surpreendentes histórias de mistério e suspense, fazendo do detetive Hercule Poirot, na verdade ela própria, o mais hábil dos investigadores, capaz, com sua habilidade, de desvendar segredos a partir das pequenas pistas, do detalhe quase despercebido, da pequena discrepância, num típico comportamento do nativo de Virgem.

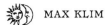 MAX KLIM

♎ LIBRA, O EQUILÍBRIO:
A CONQUISTA PELA NÃO-VIOLÊNCIA

Seu nome tornou-se símbolo do equilíbrio entre a ação violenta e o pacifismo. Mahatma, ou "a grande alma", nome que seus contemporâneos lhe deram por seu prestígio e por sua importância histórica no mundo moderno, o indiano Mohandas Karamchand ficou conhecido por Mahatma Gandhi depois de lutar pela independência da Índia, enfrentando aquela que era então a maior potência colonial do mundo, a Inglaterra, apenas com seus irresistíveis apelos à política da não-violência. Todos os seus biógrafos são unânimes em reconhecer nesse advogado de formação européia, nascido em Libra, no dia 2 de outubro, de fala mansa e que insistia em destacar-se de seus pares pelas roupas simples e conduta controlada, a figura refinada de intelectual que esgrimia a palavra e as armas da política como ninguém. E ele acabou por se tornar símbolo de uma era. Preso oito vezes na sua luta contra o domínio britânico, nunca deixou de lado a diplomacia ao tratar com os dominadores de sua pátria. Era sociável até com os próprios inimigos e foi vítima de seus compatriotas nacionalistas. A sua morte, quando buscava a conciliação, revela um sentido bem próprio de Libra, o signo do diálogo e do entendimento nas mais difíceis situações.

♏ ESCORPIÃO, A DETERMINAÇÃO:
O PASSIONAL REFORMISTA

Sua figura emerge da história com uma força inimaginável em nossos dias. Um simples monge se decepciona com a estrutura da Igreja Universal, dominante e todo-poderoso, se volta contra Roma e desafia o poder político secular e até mesmo os dogmas espirituais do catolicismo, colocando abaixo toda uma estrutura organizada em 1.500 anos de domínio quase inatacado em todo o mundo ocidental. O monge agostiniano Martinho Lutero é o típico nativo de Escorpião. Nascido no dia 10 de novembro, ele se prendeu à curiosidade investigativa natural de seu signo. E, nisso, foi além do admitido pelos dogmas religiosos da época ao combater indulgências que classificou de desvios na religião. E deu início a sua caminhada de reformador religioso. Passional, levou a extremos a sua campanha e, mais tarde, a sua própria vingança contra uma estrutura religiosa que o considerou herege e que, pela excomunhão, o afastou. Com ele, começou a reforma que deu origem ao protestantismo, fazendo dessa busca pela mudança a prática de outra das caracterisucas do seu signo. Era uma figura realizadora que chegou quase à intolerância, impulsionado pela perseguição do poder católico da época.

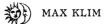 MAX KLIM

♐ SAGITÁRIO, A LIBERDADE: A MÃE DOS BRASILEIROS

De origem aristocrática, irmã de altos oficiais do Exército imperial, seu senso humanitário e ânsia por agir com total liberdade a levaram a uma das mais sangrentas das guerras do século passado, a Guerra da Tríplice Aliança, no Paraguai. Quando as mulheres se educavam e viviam apenas para o lar e o marido, Ana Justina Ferreira Néri, uma sagitariana nascida no dia 13 de dezembro, foi ao campo de batalha onde revelou os dotes que a fizeram uma das maiores personagens da vida sul-americana em todos os tempos. Generosa, mesclando a prática da religião com o assistencialismo desinteressado, ela se destacou de suas contemporâneas com a sua presença num teatro de guerra, onde a mulher era elemento estranho. Sua impaciência e o amor à natureza fizeram com que Ana Néri chegasse às mais avançadas trincheiras na linha de frente das batalhas em que, indiferentemente, prestava socorro aos soldados feridos e até a animais abatidos pela insânia da guerra. Presença constante, sempre atendendo todos que a cercavam com palavras de otimismo e confiança. Sua franqueza contra a política de guerra nem sempre agradou aos poderosos da época, mas, por isso mesmo, sua figura cresceu com atos de justiça e piedade, numa referência direta a dons tipicamente sagitarianos.

♑ CAPRICÓRNIO, O TRABALHO: A MARQUESA DO LIBERALISMO

Seu papel na vida de um povo, ainda não devidamente valorizado na formação da política sul-americana, antecipou em um século e meio a presença da mulher na história. Por todas as suas ações, Domitila de Castro Canto e Melo, a marquesa de Santos, amante do imperador Pedro I, teve um papel fundamental no ânimo do jovem português que tornou independente o maior país do hemisfério. Perfeccionista, trabalhadora, prática na medida oposta à vida fútil e à ociosidade da corte brasileira, a marquesa, uma capricorniana do dia 27 de dezembro, tinha uma postura liberal e contribuiu para moderar a decantada impulsividade do jovem príncipe que se tornaria rei em dois mundos. Seu rigor e suas exigências, em um romance que venceu o tempo, controlou, sob o manto de uma discrição impensável para a então acanhada e pequena cidade que sediava a Corte, a mais importante figura da época no Rio de Janeiro. E seu romance mudou os rumos da política latino-americana no início do século. Dominadora e exigente ao extremo, era uma personalidade que impunha respeito aos nobres que freqüentavam a Quinta da Boa Vista, no tumultuado governo de Pedro I. Morreu aos setenta anos, com artrite e problemas reumáticos, outra das características capricornianas.

♒ AQUÁRIO, A REBELDIA: ESCÂNDALO NO PRIMEIRO MUNDO

Como todo nativo de Aquário, a jovem artista portuguesa que fez do Brasil a sua pátria e levou o ritmo brasileiro ao cinema em Hollywood, e daí a todo o mundo, era a típica figura da mulher adiante de seu tempo. Independente e individualista, Maria do Carmo Miranda da Cunha, ou simplesmente Carmem Miranda, nasceu no dia 9 de fevereiro. Sua agitada e curta trajetória de vida mostra bem as características de Aquário, seu signo. Temperamental e radical, chegou a extremos ao se apresentar em *shows* numa sempre inovadora *mise-en-scène* que chamava a atenção. Seus conceitos avançados a fizeram em uma dessas ocasiões, para escândalo e afronta à puritana sociedade norte-americana, se apresentar em público sem calcinha, num gesto que ganhou as colunas de mexericos e a colocou em confronto com os grandes da Meca do cinema. Incompreendida por seus contemporâneos, Carmem Miranda foi a menina rebelde de uma tradicional família lusitana que emigrou para o Brasil quando ela ainda era jovem. Aqui deitou raízes e se dedicou às artes, em outra das suas características aquarianas. Tinha problemas circulatórios que a levaram à morte, outra típica referência à influência de Aquário sobre nosso corpo.

♓ PEIXES, A INTUIÇÃO:
O PAPA DA MELANCOLIA

Sua figura expressa, na história do século passado, um dos ícones mais importantes da vida religiosa e da política internacional em todo o mundo. Eugênio Maria Giuseppe Pacelli, o papa Pio XII, foi o mais expressivo exemplo da figura do nativo de Peixes a ocupar o trono de Pedro, em quase dois milênios do catolicismo romano. Enigmático, introspectivo, místico, sua figura sempre foi cercada de uma aura de santidade que o tempo só fez por ampliar. E, além disso, tinha uma personalidade influenciável, demonstrada em suas atitudes nem sempre claras em tempo de guerra na Europa. De vida moderada quando ocupou a chefia da Igreja, não expressou por atos e gestos a sua nobre origem em uma das mais tradicionais famílias romanas. Simpático e emotivo, deixou marcas em muitas viagens quando ainda cardeal, época em que revelava um caráter sensível que lhe permitiu muitas vezes condoer-se diante da miséria e da pobreza. Foi acusado pelos seus críticos de tímido diante dos avanços do nazismo na Europa e do fascismo na Itália. Mostrou durante seu papado uma forte tendência à valorização do misticismo e sob ele a Igreja tornou públicas suas maiores preocupações com o psiquismo coletivo. Nascido no dia 2 de março, Pio XII encarnou o signo da própria religião que chefiou, Peixes.

Por todos estes 12 exemplos de figuras que ocuparam páginas de livros e jornais, nos mais diferentes períodos da História do mundo, pode-se garantir que há traços bem típicos a diferenciar as pessoas pelo signo em que nasceram.

Apesar disso, a simples determinação do signo solar, com referência ao nascimento de uma pessoa, não mostra todos os elementos que fazem a personalidade de um ser humano. Estes foram exemplos de figuras que encarnaram de forma notável as principais dessas características da influência do Sol em nossas vidas.

Mas o ser humano não é apenas o que diz seu signo solar, aquele que nos fala da individualidade do ser na sua formação. Dois outros elementos — o **signo ascendente** e o **signo lunar** — compõem de forma muito intensa a maneira de se mostrar, comportar e agir. O signo ascendente é determinado pelo planeta que sobe no horizonte na hora do nascimento de uma pessoa. Este "signo" nos diz do temperamento do ser, sua forma de absorver o que mundo lhe impõe e é calculado com base na análise, o mais exata possível, da hora e local de nascimento da pessoa (ver Capítulo 4).

O signo lunar, por sua vez, é determinado pela regência da Lua sobre uma casa específica na hora do nascimento. A Lua, em seu movimento em torno do nosso planeta, governa horas diferentes do dia e se posiciona diversamente nas 12 casas que representam os signos do zodíaco, daí a sua influência em casas que nem sempre coincidem com o signo solar ou o ascendente. O signo lunar governa a personalidade do indivíduo, a sua maneira de reagir diante do mundo. Sua identificação é feita por tabelas específicas que mostram astronomicamente o movimento da Lua no correr do dia do nascimento.

A polêmica das previsões

Os mais ácidos críticos da astrologia sempre reservam "exemplos" de previsões e análises feitas pelos mais diferentes "astrólogos" e que não deram certo, para atacar o estudo das influências astrais sobre nossa vida. É verdade que, todo ano, milhares de "iluminados" vão à televisão, aos jornais e revistas prever acontecimentos e desfiam um sem-número de indicações genéricas que, por vezes, coincidem com a realidade e, por outras, dela passam longe.

É a adivinhação que faz a alegria dos editores e atende à necessidade crescente do ser humano de esperar por "alguma coisa" que lhe mude a vida e o próprio amanhã.

A maioria dessas previsões são feitas com base em uma fórmula simples e colocadas, quase sempre, em torno de generalidades do tipo "os meios artísticos vão ser abalados no segundo semestre pela morte de uma figura notável que mudou os rumos do setor" ou, ainda, "a morte de uma figura de expressão pública vai chocar as pessoas e deixar um vazio na cena política". São previsões "certas", pois sempre há alguém morrendo que se enquadra nesse tipo de brincadeira.

Ao contrário disso, é evidente a constatação, pela astrologia, quando levada a sério, de que há coincidências na análise da personalidade de diversas pessoas que são do mesmo signo. Isso mostra que alguma coisa torna os indivíduos nascidos em determinado período sujeitos a uma força comum, que lhes dá algumas características semelhantes, passíveis de análise e medida.

Para corroborar esta afirmação, há um velho ditado chinês que nos diz que, "se o cavalo vence uma vez, a sorte é do cavalo; se ganha por duas vezes, há uma coincidência, mas, se vitorioso por três vezes, que se aposte no cavalo". A astrologia de características já provou que as coincidências não ficam apenas em três dos elementos do caráter e do comportamento de uma pessoa...

Na verdade, não se pode confiar em previsões como aquelas feitas genericamente e para divertir leitores na passagem do ano. Por não levar em conta a interação do ser humano com o seu semelhante, elas falham. Por isso, não há qualquer base de seriedade nessas previsões, pois os seres são influenciáveis pelo seu meio de vida e não existem isolados e sós no mundo.

As análises astrológicas de características, porém, são diferentes dessas "brincadeiras". Características em comum existem e delas se demonstra o bastante para que possamos usá-las a nosso favor, dominando nosso caráter e nossa maneira de reagir, entendendo por que somos e o que somos e fazendo por onde canalizar nosso potencial em proveito próprio.

Isso fica bem claro quando consideramos que, mesmo o mais exato dos mapas astrais, jamais será capaz de prever exatamente todos os acontecimentos de nossa existência, como pretendem os adivinhos da astrologia. Quando elaboramos um mapa, não o fazemos em relação a nossas esposas ou maridos, nossos filhos ou pais, nossos colegas ou patrões, nossos vizinhos e conhecidos que, por suas ações, podem interferir no nosso dia.

Não há como prever, por exemplo, que teremos um dia favorável para determinado signo, se essa análise não for feita também para aqueles que podem mudar o ânimo e as reações do nativo desse signo. Como exemplo, podemos lembrar o patrão que, num acesso de mau humor, pode despedir um funcionário apenas por seu estado de ânimo pessoal, fazendo daquele dia favorável nas previsões do horóscopo um inferno para seu subordinado. Se a previsão foi feita de forma otimista em termos genéricos, o ato negativo do patrão a colocou abaixo.

De nada adiantam as posições planetárias quando vistas apenas no ângulo de uma única pessoa, a não ser que ela vivesse em uma verdadeira "bolha" de tempo e espaço, completamente isolada do mundo exterior, em um ponto onde nem mesmo os fatores climáticos comporiam elementos externos a influenciá-la.

Assim, não é possível fazer previsão genérica para todos os nativos de um mesmo signo, a não ser numa forma de divulgação da astrologia como entretenimento e uma forma de conselho para comportamento.

Mesmo assim, desde a mais remota Antigüidade, o ser humano relata influências dos astros sobre a sua vida. Todas as civilizações fizeram um registro desse tipo de influência, e isso nos vem desde as primeiras formas escritas. No antigo Egito, nas histórias de faraós e nobres, gravaram-se em hieróglifos, em tumbas funerárias, a crença nos astros.

Da mesma forma, nas tabuinhas de argila na Mesopotâmia, há o relato de experiências e costumes dos povos que usavam os astros como forma de determinação dos atos de nobres e governantes. Daí a referência de abertura neste capítulo à tabuinha de Beitsun, no atual Irã, onde já se registrava a invocação das estrelas para que a deusa Astatéia protegesse a colheita.

É cientificamente certa a influência lunar sobre as marés, a menstruação e o ciclo de crescimento das plantas. Da mesma forma, sabe-se da influência das explosões solares sobre o sistema nervoso do ser humano. E, hoje, se discute em psiquiatria, validamente, a influência do movimento da Terra sobre os surtos psicóticos.

Mas o que dizer de outras influências? Vênus seria mesmo o planeta do amor, na lembrança da mitologia e das crenças de gregos e romanos? Marte nos diz da guerra como o queriam os antigos? Qualquer que seja a resposta, ela vai se referir apenas a uns poucos planetas que compõem nosso Sistema Solar e o seu movimento em torno da Terra.

Marcada em símbolos os quais chamamos planetas, trânsitos, aspectos e posições, a astrologia reflete uma certeza: há uma influência universal sobre os seres vivos e ela segue um padrão de tempo e espaço que nossas convenções denominaram planetas e os inseriram num círculo de 12 períodos no que hoje conhecemos como "zodíaco". Por meio dessa influência, nos é possível desenvolver um processo de autoconhecimento e avaliação da nossa forma de ser, para melhor enfrentarmos a vida e os desafios que ela nos oferece.

Capítulo 2

A Astrologia sem Mistério

A astrologia ocidental — pois a astrologia existe também no Oriente com outros nomes, denominações e conceitos — adotou da astronomia comum a maior parte dos termos que emprega. Os mais usuais, e que ouvimos com maior freqüência entre os leigos e estudiosos, são expressões que podem ser facilmente explicadas sem as dificuldades habitualmente encontradas por aqueles que buscam a interpretação de mapas em análises mais profundas.

A terminologia usada por grande parte de astrólogos, horoscopistas e analistas quase sempre se fecha em conceitos que tornam impossível às pessoas comuns conhecer aquilo de que se fala. Mas, na verdade, a astrologia é um estudo bem simples e está ao alcance da maioria das pessoas.

Para essa interpretação mais singela e direta dos conceitos da astrologia, entre expressões e termos específicos, selecionamos aqueles que dão uma visão mais abrangente desse estudo tão fascinante quanto útil.

O horóscopo, uma distração

Há milhares de pessoas que não saem de casa sem abrir o jornal na página da previsão astrológica e ali consultar o seu horóscopo, num costume que se difundiu mundo afora e hoje é hábito para boa parte da população. Mas se o horóscopo ganhou importância, isso também levou a alguns exageros, como o que é cometido pelas pessoas que passam a dirigir suas vidas apenas pela leitura ou interpretação do horóscopo diário.

Isso pode ser medido pelo volume da correspondência encaminhada aos horoscopistas dos jornais e emissoras de rádio, verdadeiramente impressionante tanto por seu número quanto pelo grau de confiança que as pessoas manifestam por esses profissionais em suas cartas. Pesquisa de opinião pública realizada por um grande jornal brasileiro apontou o horóscopo diário como a terceira coluna mais lida em suas edições, o que representa uma responsabilidade muito grande para os profissionais que, elaborando horóscopo, praticamente jogam com a vida de pessoas.

O que mais impressiona, no entanto, não é esse alto interesse e o volume da correspondência. Na realidade, chama atenção o nível intelectual e social dos autores dessas cartas que mostram, na sua maioria, pertencer às camadas mais altas da população. São profissionais liberais, pessoas de cultura acima da média, todas interessadas em buscar orientação e explicações para o seu cotidiano, suas inquietações e um pouco mais de esperança para o seu próprio futuro.

O horóscopo é, numa conceituação mais objetiva, segundo definição do pesquisador norte-americano

ESCORPIÃO – COLEÇÃO VOCÊ E SEU SIGNO ♏ 47

Dal Lee, "a carta de observação da hora", e serve de indicador da hora do nascimento de uma pessoa e sua posição dentro de um determinado quadro de visão estelar indicado pela posição dos planetas no zodíaco. Hoje, o horóscopo se confunde com a própria astrologia, tal foi a sua difusão no mundo ocidental.

Diariamente, são publicados milhares de previsões que, na verdade, significam apenas entretenimento, sem maior responsabilidade com a exatidão de seus conselhos e conclusões. Linda Goodman, no livro *Seu futuro astrológico*, diz que o horóscopo é "uma fotografia da posição exata de todos os planetas no céu na hora de seu nascimento, formada por cálculos precisos e matemáticos", definição também sustentada por Frances Sakoian e Louis S. Acker, em *O manual do astrólogo*.

Em resumo, pode-se dizer que horóscopo é a carta de características ou previsões baseada na hora e data de nascimento de uma pessoa.

O enigmático zodíaco

Originária dos estudos dos povos da Mesopotâmia que há cinco mil anos já conheciam as suas bases, ainda que de forma incipiente, a astrologia ganhou importância entre os caldeus, assírios e sumérios, povos que deram ao estudo dos astros e à sua influência um caráter mágico e bases que o tornavam uma verdadeira "ciência", à época.

Vem daí a concepção moderna de zodíaco, nome dado pelos gregos ao círculo planetário que determinava os períodos e eras nos quais se baseavam os estudos dos povos mais antigos. Na época, os gregos chamaram "roda dos animais" ou "zodíaco" essa figura que retrata as 12 constelações pelas quais o Sol passa em seu movimento anual pela Via-Láctea.

Essa noção do zodíaco nos mostra um círculo com 12 divisões ou casas, estabelecidas ao longo da eclíptica, que é como se denomina esse movimento solar. Cada uma das 12 divisões se constitui num signo, ou seja, um período que compreende trinta graus do círculo e se aproxima do mês no calendário comum.

A primeira divisão inicia-se habitualmente em 21 de março, o primeiro dia do ano astrológico. Os signos do zodíaco seguem ordem crescente a partir de Áries até Peixes. Essa divisão serve para todos os estudos astrológicos mais aprofundados, situando o nascimento de uma pessoa num determinado espaço de tempo e vinculando-o ao movimento do Sol.

Os signos

Divisões do zodíaco, os signos receberam nomes de constelações conhecidas na Antigüidade e foram agrupados em períodos de 30 graus em média, cada grau representando um dia. Com nomes usados à época, os signos acabaram por receber no Ocidente os nomes gregos ou seus correspondentes em Roma.

Eram denominações comuns a constelações conhecidas desde a Antigüidade: Áries, Touro, Gêmeos, Câncer, Leão, Virgem, Libra ou Balança, Escorpião, Sagitário, Capricórnio, Aquário e Peixes.

Agrupados por elementos — os quatro fundamentais na vida: fogo, terra, ar e água —, os signos foram divididos em três grupos para cada um desses elementos que representam as formas de energia que constituem a base da vida na Terra.

São do elemento fogo: Áries, Leão e Sagitário. Do elemento terra, Touro, Virgem e Capricórnio; do ar, Gêmeos, Libra e Aquário; e da água, Câncer, Escorpião e Peixes. Essa vinculação dos signos aos quatro elementos é de fundamental importância para a análise das características individuais das pessoas.

Os signos são também classificados por sua vibração nos elementos: ígnea, terrestre, aérea e aquosa. Assim, passam a governar o comportamento humano mantendo uma vinculação estreita com as características desses elementos.

Dessa forma, pode-se dizer em relação a cada um dos grupos de signos: os de fogo nos falam dos conceitos de "construção do mundo", pois criar e construir são as bases de Áries, Leão e Sagitário. O nosso "destino como espécie" se refere aos signos da terra — Touro, Virgem e Capricórnio. O "temperamento" do ser humano é vinculado diretamente aos signos do ar — Gêmeos, Libra e Aquário. Os três que compõem o grupo de signos da água: Câncer, Escorpião e Peixes dizem de nosso "caráter".

Por sua ligação com os elementos vitais de todos os seres, a astrologia nos revela que a posição dos astros e sua influência na natureza moldam ou governam, de forma quase determinante, as características dos seres humanos. Na verdade, muito do que somos devemos ao elemento que agrupa nosso signo, e isso é bem fácil de constatar:

Signos do fogo — Representam na vida terrena a luz, o brilho, o calor e a secura, além de dispersão, fervor, dominação, audácia, agressividade, mobilidade e tudo o que se refere ao fogo como base da vida humana.

Vinculados à história da própria espécie humana, esses signos falam da criação, buscando paralelo entre a origem na bola de fogo que era a Terra em sua origem. Por isso, se diz que Áries é um signo criador, explosivo e temperamental. Que Leão é exibicionista, realizador, quente e explosivo, e que Sagitário é libertário, natural, pouco comedido e brilhante.

Signos da terra — Resultado do esfriamento da crosta do planeta, o elemento terra nos mostra o que é concreto, palpável, petrificado. Lembra a rigidez, a constância, a laboriosidade, a prudência, a dúvida, a fecundidade, a secura e a absorção, todos conceitos ligados às características de nosso próprio planeta, um corpo estelar que se solidifica com o esfriamento e a constância de seu movimento pelo espaço.

Daí a conceituação de que os nativos dos três signos deste elemento são os mais realistas dos seres humanos. Touro é lento, comedido, parcimonioso,

ESCORPIÃO – COLEÇÃO VOCÊ E SEU SIGNO ♏ 51

constante e teimoso. Virgem é detalhista, sensível, sóbrio, escrupuloso e racional, e Capricórnio nos mostra persistência, determinação, aceitação e severidade.

Signos do ar — Fluido e etéreo, o ar nos passa sempre a impressão de elemento úmido, instável e pouco palpável, representando os aspectos mentais e intelectuais do ser humano, suas idéias, pensamentos e conceitos. Por isso, o ar, terceiro dos elementos da natureza, nos leva à euforia, ao equilíbrio, ao humor, à instabilidade, à sutileza e à adaptação.

Os atributos humanos relacionados aos sentimentos vinculam-se a essas características. Mutável por ser elemento gasoso, o ar transmite aos signos o caráter etéreo e sonhador. Assim, se diz que Gêmeos é inquieto, curioso, dúbio, agitado e mutável; que Libra é equilibrado, harmônico, conciliador e pacífico e que Aquário é sensível, inventivo, fantasista e idealista.

Signos da água — Suave, receptiva, moldável e aderente, a água, quarto dos elementos que formam a natureza terrestre, dá aos signos que agrupa os elementos próprios de sua constituição. Vital para a sobrevivência dos seres vivos, está ligada aos sonhos, fantasias, desejos, emoções, família, origens e à criação quando vista pelo ângulo sexual.

Isso explica por que Câncer lembra fecundidade, memória, inteligência sensorial e imaginação. Escorpião é a representação dos instintos, sexo, indisciplina

Termos-chave da astrologia

A astrologia emprega algumas expressões que fazem parte do nosso vocabulário cotidiano, porém, conferindo-lhes um sentido diferente. Isso caracteriza a astrologia como estudo autônomo e torna importante o seu conhecimento para que possamos definir melhor as nossas próprias concepções sobre essa área:

Arietino — Diz do nativo de Áries. Popularmente, é empregada a denominação "ariano" para o nativo do signo, termo que, no entanto, designa a pessoa da raça ariana e não aquela que nasce entre 21 de março e 20 de abril.

Arquétipo — O conceito de arquétipo foi introduzido na astrologia pelo psicanalista Carl Gustav Jung. Para essa figura fundamental na psicanálise, "os planetas são arquétipos para a raça humana e todos nós reagimos a eles de modo semelhante, embora diferente no que diz respeito a detalhes". Diz a história que Jung só analisava seus pacientes após fazer o mapa astral de cada um deles.

Ascendente — Ascendente é a característica do signo determinada pelo planeta que, no momento do

ESCORPIÃO – COLEÇÃO VOCÊ E SEU SIGNO ♏ 53

nascimento de um indivíduo, ascende ao céu na linha do horizonte. Para encontrá-lo, é essencial conhecer com exatidão a hora do nascimento, com diferença máxima de alguns minutos. O mapa astral de uma pessoa é determinado por três quadros diferentes: a *individualidade*, fixada pelo Sol no dia do nascimento; a *personalidade*, governada pela Lua na data em que a pessoa vem à vida; e o *temperamento*, que é determinado pelo signo ascendente. O ascendente é o fator pelo qual a pessoa revela o seu "ego".

Aspectos — Os aspectos são as posições de planetas nas casas de um mapa astral e, por isso, fundamentais na análise astrológica das características de uma pessoa. Eles são denominados de acordo com a figura geométrica que formam no mapa, uns em relação aos outros. O mapa tem a forma circular e é dividido em 360 graus, que representam os doze signos e as doze casas do zodíaco. Quando encontramos um planeta ou corpo celeste em um determinado lugar, analisamos sua posição em relação aos demais corpos celestes e a influência que essa posição exerce sobre um signo. A isso se chama aspecto. Os mais comuns são: **Conjunção**, quando dois ou mais astros estão no mesmo grau, sem diferença de um para o outro, praticamente juntos, daí a expressão conjunção, que simboliza a ênfase em determinada influência. **Sêxtil**, quando existe entre um astro e outro uma distância de 60 graus. Este aspecto ocorre com dois astros e simboliza uma oportunidade para o signo analisado.

Quadratura é a posição de astros formando um quadrado no mapa, com linhas em ângulos de 90 graus de distância entre um e outro. Simboliza um desafio para o nativo. **Trígono** é a formação de três planetas ou o Sol e a Lua formando um triângulo no mapa, com posições de 120 graus entre um e outro. Simboliza um fluxo de determinada força para aquele signo ou pessoa. **Oposição** é quando dois astros se colocam a 180 graus um do outro, simbolizando a percepção de determinadas forças que esses corpos governam. Existem outros aspectos que não têm tanta significação. Todos podem ser positivos ou negativos, embora alguns tenham carga maior em um ou outro sentido, dependendo do mapa geral.

Balança — Nome por vezes dado ao signo de Libra e que nos lembra o símbolo deste signo, que se aproxima de uma balança, representando o meio do céu, o equilíbrio, a contar do primeiro signo, Áries. Denomina uma das primeiras constelações identificadas pelo ser humano.

Câncer — É o quarto signo, também conhecido por Caranguejo, que traz a simbologia e a denominação da constelação que tem este nome.

Capricórnio — O décimo signo tem sua denominação ligada à constelação da Cabra ou de Capricórnio, situada no alto do céu.

Características — Representam, em astrologia, traços ou inclinações pessoais de cada um de nós. Não

ESCORPIÃO - COLEÇÃO VOCÊ E SEU SIGNO ♏ 55

pode ser confundida com caráter, que diz de moral e de formação, sugerindo uma interação da pessoa com o seu mundo. As características podem ser determinadas pela análise astrológica. Mas elas se revelam moldadas pelo caráter, o que nos faz diferentes. Uma pessoa pode ter características iguais a outra e ambas agirem de forma distinta quando postas diante de impulsos diferenciados.

Casa — É cada uma das divisões do zodíaco, embora tenha acepções diferentes na análise astrológica. Para este estudo, vale a concepção de que o zodíaco é dividido em 12 grandes casas representando os signos que, por sua vez, se dividem em 30 graus, correspondendo aos dias.

Constelações — É o nome dado a um grupo de estrelas e tem quase o mesmo sentido tanto na astrologia quanto na astronomia. Usamos na astrologia a denominação de constelações para os agrupamentos de estrelas que foram observados pelos caldeus e sistematizados pelos gregos, especialmente por Hiparco, o descobridor do fenômeno denominado *processão*. Hoje, a denominação "constelação" para a astrologia não têm a mesma significação que para a astronomia. Na astrologia ocidental, aceitamos a tradição de denominar um signo pelas constelações que eram observáveis na Antigüidade. Por isso, quando dizemos que um determinado planeta está em Capricórnio ou em Libra (Balança), não queremos afirmar que ele está na mesma posição no céu que os corpos que formam aquela determinada constelação como vista pelos astrônomos. Afirmamos, isto sim, que ele está na área do zodíaco ou do mapa astral que tem o nome daquele conjunto de estrelas e planetas.

Cúspide — É um fenômeno tipicamente astrológico e refere-se à pessoa que nasce em dia próximo à mudança do signo ou no próprio dia da mudança de regência solar. Como a entrada do Sol em determinado signo muda em função da posição da Terra em seus movimentos de translação e precessão, como determinar o signo de uma pessoa que, por exemplo, nasceu no dia 20 de março, num ano em que o Sol entrou em Áries nessa data? Habitualmente, o Sol entra em Áries em 21 de março, mas, acompanhando o movimento da Terra e os conceitos astronômicos, prevalece, para a determinação do signo, o exato instante em que começa a regência do Sol sobre o signo. No caso em questão, a pessoa será arietina e não pisciana.

Decanato — É a distância de dez graus de um signo. Todos os signos têm três decanatos. O primeiro é contado a partir do primeiro até o décimo grau; o segundo, do décimo primeiro ao vigésimo e o terceiro, do vigésimo primeiro ao trigésimo grau. Diz-se em astrologia que cada decanato revela uma influência específica que deve ser considerada na análise de características. O primeiro decanato é influenciado fortemente pelo signo anterior. O segundo mostra características específicas, ditas puras, do próprio signo. O terceiro já recebe influência do signo seguin-

ESCORPIÃO – COLEÇÃO VOCÊ E SEU SIGNO ♏ 57

te. Assim, por exemplo, uma pessoa nascida no primeiro decanato de Leão, apesar de leonina, vai incorporar ao seu modo de ser alguns dos elementos do signo de Câncer que antecede o seu. Num exemplo prático desse caso, ela poderá somar um pouco de tradicionalismo canceriano à exuberância leonina.

Elementos — O conceito é dos mais antigos na história da humanidade e deu origem às primeiras manifestações de fundo religioso entre os homens. Ele nos diz do fogo, da terra, do ar e da água. Cada um desses elementos, considerados fundamentais na formação da vida, governa três signos aos quais transmitem algumas de suas características básicas e essenciais. O *fogo*, primeiro desses elementos, tem uma presença forte na história do homem e foi, para os primeiros hominídeos, o seu "deus". Ele passa aos seus signos — Áries, Leão e Sagitário — o calor, a natureza ígnea, a construção e a agressividade. A *terra* é o segundo dos elementos da natureza e governa os signos de Touro, Virgem e Capricórnio, exatamente os que falam de destino, da rigidez, da constância e da fecundidade. O *ar* é o terceiro elemento e nos revela o temperamento aéreo e sonhador, o humor e a flexibilidade que dão aos signos de Gêmeos, Libra e Aquário essas características. E, por fim, a *água*, elemento da natureza relativo ao caráter fluente, à brandura, à impressionabilidade e à aderência, que fazem de Câncer, Escorpião e Peixes os chamados signos do caráter.

Grau — É a tricentésima sexagésima parte de uma circunferência. O zodíaco é, geometricamente, uma circunferência, formada por 360 graus, cada grau revelando um dia. Assim, cada signo tem, em média, 30 graus que são percorridos pelo Sol em seus movimentos de rotação e translação.

Horóscopo — É o que diz da observação, sob a ótica do quadro planetário, da hora e da data em que uma pessoa nasceu. Hoje, é um dos mais populares tipos de entretenimento fundamentado em algumas considerações e conceitos da moderna astrologia. Alguns horóscopos trazem previsões de acordo com as características específicas do signo. Mas não se pode considerar um horóscopo com seriedade maior que a dispensada a uma distração. Não é possível, em termos astrológicos, fazer-se previsão astrológica genérica igual para todos os nativos de um mesmo signo. É o elemento mais importante na difusão da astrologia.

Latitude e Longitude — Têm a mesma concepção da astronomia. Servem para determinar geográfica e eclipticamente o local exato de nascimento de uma pessoa, base de cálculo do signo ascendente e do mapa astral.

Qualidades — Cada um dos signos apresenta uma *qualidade*, que é a manifestação para que se expresse e se movimente. Três são as qualidades dos signos: cardinal, fixa e mutável. Os signos da qualidade cardinal são Áries, Capricórnio, Câncer e Libra, dos quais se desta-

ESCORPIÃO – COLEÇÃO VOCÊ E SEU SIGNO ♏ 59

cam os princípios de energia aplicada à expansão e à liberação, representados pela iniciativa, o novo e a ação. Os da qualidade fixa são Leão, Aquário, Touro e Escorpião e deles se diz que representam a necessidade de se conter a energia com estabilidade, concentração, paciência e persistência, representadas pela noção de segurança. E, finalmente, os da qualidade mutável são os signos de Sagitário, Virgem, Gêmeos e Peixes, aos quais se atribui a reciclagem e o reaproveitamento da energia, donde vem a noção de versatilidade, adaptação e flexibilidade, representando a mudança.

Planetas — Em astrologia, a concepção de planeta é diferente da significação astronômica do termo. Ela engloba corpos celestes, não importando se estrela, planeta ou satélite. Assim é o caso do Sol, da Lua e de Vênus, por exemplo. Uma das maiores críticas à astrologia é feita exatamente a essa concepção, que considera a Lua um planeta.

. **Polaridade** — A polaridade refere-se aos pólos positivo e elétrico ou negativo e magnético, com que são classificados os signos. Essa classificação não acompanha a divisão exata dos signos. Dessa forma, todos os signos apresentam nativos com as duas polaridades. Para uma classificação mais simples, pode-se dividir o zodíaco em períodos de polaridade positiva ou negativa, dependendo do signo, de acordo com a seguinte tabela, que aponta os dias do ano em que determinada polaridade prevalece, independentemente do signo em que nascemos:

Polaridade positiva	Polaridade negativa
de 6 de março a 5 de abril	de 6 de abril a 5 de maio
de 6 de maio a 5 de junho	de 6 de junho a 5 de julho
de 6 de julho a 6 de agosto	de 7 de agosto a 6 de setembro
de 7 de setembro a 6 de outubro	de 7 de outubro a 5 de novembro
de 6 de novembro a 5 de dezembro	de 6 de dezembro a 5 de janeiro
de 6 de janeiro a 5 de fevereiro	de 6 de fevereiro a 5 de março

Com base nessa classificação, pode-se afirmar se uma pessoa se liga, na natureza, a forças positivas ou elétricas, mostrando-se ativa, expressionável e dominante ou, ao contrário, se ela é magnética ou negativa, revelando em sua maneira de ser um caráter dormente, silencioso e pensativo. Isso explica, em certo sentido, algumas diferenças encontradas na análise do temperamento, que é diferente entre pessoas do mesmo signo.

Regência — A referência ao termo diz da regência planetária que foi organizada por Ptolomeu, o astrônomo e astrólogo grego que sistematizou a astrologia ocidental. Ptolomeu deu a cada signo um *regente*, planeta que podia ser observado à sua época. A regência criada por Ptolomeu permaneceu inalterada até a descoberta de Urano por William Herschel, em 1781. Daí por diante, este planeta substituiu Saturno na regência de Aquário. O mesmo aconteceu quando da descoberta de Netuno em 1846 pelo astrônomo alemão Galle, que seguiu os cálculos do matemático francês Le Verrier. Netuno passou a reger Peixes no lugar de Júpiter. Isso deu origem ao sistema de co-

ESCORPIÃO – COLEÇÃO VOCÊ E SEU SIGNO ♏ 61

regência em diversos signos. Há críticas a esse sistema que alguns consideram meramente indicativo e citam, como exemplo, a incongruência da regência de Saturno em Capricórnio. Saturno foi considerado durante muito tempo o "grande maléfico" do zodíaco e o planeta da morte, o que não se coaduna com Capricórnio, o signo da honra e da fama.

Signo — Nome dado às divisões do zodíaco, cada uma delas compreendente 30 graus. Os signos começam com Áries, cuja data inicial coincide com a entrada do Sol no outono do hemisfério sul e da primavera no hemisfério norte. O início da regência de um signo é mutável pela impossibilidade de coincidência do ano solar civil com a divisão astrológica do zodíaco em 360 graus. São as seguintes as datas-padrão de vigência de um signo:

Áries — 21 de março a 20 de abril
Touro — 21 de abril a 20 de maio
Gêmeos — 21 de maio a 20 de junho
Câncer — 21 de junho a 20 de julho
Leão — 21 de julho a 22 de agosto
Virgem — 23 de agosto a 22 de setembro
Libra — 23 de setembro a 22 de outubro
Escorpião — 23 de outubro a 21 de novembro
Sagitário — 22 de novembro a 21 de dezembro
Capricórnio — 22 de dezembro a 20 de janeiro
Aquário — 21 de janeiro a 19 de fevereiro
Peixes — 20 de fevereiro a 20 de março

62 MAX KLIM

Essas datas mostram variação de ano a ano. Para os astrólogos que adotam um calendário mais ou menos fixo, elas também variam.

Símbolos — Cada signo guarda uma simbologia, e os astrólogos usam interpretações pessoais para essa representação prática. A mais popular, no entanto, é a que classifica os signos da seguinte forma:

Áries — Mudança, criação, impetuosidade
Touro — Segurança, realismo, integração
Gêmeos — Inquietude, habilidade, dualidade
Câncer — Fecundidade, memória, intuição
Leão — Ambição, força, teatralidade
Virgem — Assimilação, sensibilidade,
          observação
Libra — Equilíbrio, conciliação, absorção
Escorpião — Instinto, extremismo, perspicácia
Sagitário — Aventura, independência, crítica
Capricórnio — Perseverança, discriminação,
          severidade
Aquário — Fantasia, lealdade, antecipação
Peixes — Mediunidade, compaixão, sacrifício

Trânsito — é o movimento de um planeta sobre as casas do zodíaco, passando de um signo a outro em movimento direto ou retrógrado entre Áries e Peixes. Conhecido também por *passagem*, o trânsito é calculado por meio de uma tábua planetária de posição dos astros. Por ele se formam os aspectos.

ESCORPIÃO – COLEÇÃO VOCÊ E SEU SIGNO ♏ 63

Zodíaco — Na definição mais comumente aceita são as 12 divisões do céu, estabelecidas ao longo da eclíptica, onde o zodíaco alcança 8 graus acima e 8 graus abaixo. A palavra vem do grego e significa "a roda dos animais" por representar os animais que denominam as 12 constelações pelas quais o Sol passa em seu movimento anual em torno de seu próprio eixo. O Sol leva cerca de trinta dias em cada uma dessas constelações. Há autores, no entanto, que vinculam a denominação à sistematização da astrologia feita pelos caldeus.

A natureza e a astrologia

Um dos mais impressionantes vínculos entre a astrologia e a vida surge da comparação entre o ciclo evolutivo de um ser vivo com o zodíaco e os signos. Dizem os estudiosos dessa teoria que cada signo guarda em si um elemento fundamental que representa um estágio da natureza. Daí o paralelo entre o ciclo vital de uma planta, por exemplo, e as casas do zodíaco. Por esses estudos que explicitam bem as características do ser humano, pode-se dizer o seguinte:

Áries ♈ O primeiro dos signos está vinculado ao momento do nascimento, da explosão da semente que começa seu ciclo de vida. É a força criadora que nasce com o ser.

Touro ♉ Este signo mostra o instante em que o ser toma contato com a terra e se situa fora do casulo, útero ou invólucro-matriz.

Gêmeos ♊ É representado pelo instante em que, deixando a terra, o braço materno, e assomando à superfície, o ser não sabe o que é e a que veio, buscando definições.

Câncer ♋ Indeciso, o ser se volta a suas origens em busca de respostas e se prende à matriz que o gerou, valorizando aquilo que é a sua história.

Leão ♌ Seguro de sua existência no mundo, o ser busca mostrar-se, aparecer, fazer-se notado e se acredita dono de tudo a seu redor.

Virgem ♍ Neste momento da evolução, o ser que até então vivia intuitivamente passa a notar detalhes e cuidar-se, buscando aparência e critérios.

Libra ♎ Atingindo, neste signo, o ponto máximo do crescimento, o ser se equilibra em relação aos que o cercam e molda a aceitação da decadência daí por diante.

Escorpião ♏ Neste estágio, o ser busca a continuidade e faz do sexo e da emoção os seus mais importantes dons. Nas plantas, é o pólen que fecunda.

Sagitário ♐ Experimentado, o ser busca a liberdade à sua volta e tece a interpretação de seu mundo relacionando-se a ele.

Capricórnio ♑ A vida leva o ser neste instante à persistência, ao trabalho e à determinação. Sábio, ele usará de sua experiência em busca da sobrevivência.

Aquário ♒ Como a velha sequóia, o ser vê próximo o fim e se dá conta de que há um futuro e sobre ele devaneia, sonha e projeta-se para o amanhã.

Peixes ♓ É o instante em que a morte se aproxima e o ser se faz semente de novo, buscando a preparação para o renascimento.

Essa vinculação de características de um signo com a natureza explica muito do temperamento encontrado nas pessoas que nascem sob um mesmo signo. Em razão disso, podemos afirmar que todo arietino é criador; o taurino é realista e tem os pés no chão; o geminiano é curioso e dúbio; todo canceriano é romântico e apegado à origem; o leonino é exibicionista e dominador; o virgiano é detalhista; o libriano é justo e equilibrado; o escorpiano é violento, vingativo e sensual; o sagitariano é ansioso pela liberdade e crítico; o capricorniano é diligente e persistente o aquariano é incompreendido e avançado em seu tempo; e o pisciano é espiritualista, bondoso e voltado para o psiquismo.

De forma bastante curiosa, nota-se, em relação a cada um dos signos, a existência desse tipo de característica ligada à natureza. Essa observação, feita pela análise de personalidades de dezenas de nativos de cada um dos signos, foi comprovada em estudos recentes de astrólogos que vêm se filiando a essa nova corrente da astrologia ocidental.

A influência da Lua

Dispondo o analista dos elementos da característica astrológica para uma pessoa em dois signos — o solar e o ascendente — deve combiná-los com os do **signo lunar**, levando em conta a regência da Lua em cada um dos signos, que pode ser assim resumida:

Áries — Lembra e favorece as atividades ligadas às armas e à guerra, representando, com isso, a ação dos militares. Na vida comum, refere-se ao trabalho com o ferro e o fogo, à cirurgia e aos empreendimentos e a tudo o que demande esforço. Lembra a forja e o ferro derretido.

Touro — A influência lunar em Touro se liga a atividades de controle e de finanças, aos assuntos relacionados ao comércio, especialmente o de jóias, às diversões, à moda e às artes. Lembra sempre a construção.

Gêmeos — Neste caso, a Lua influencia tudo o que se relaciona às viagens, à propaganda e ao jornalismo em todas as suas formas. Diz de mudanças e dos negócios com imóveis. Fala-nos sempre do que é escrito.

ESCORPIÃO – COLEÇÃO VOCÊ E SEU SIGNO ♏ 67

Câncer — A Lua no seu próprio signo nos remete a uma influência direta sobre o líquido, o movimento pela água, os processos, a atuação financeira do homem em empréstimos e a psicometria. Representa a fluidez.

Leão — A Lua em Leão nos revela influência sobre as empresas e empreendimentos que nos são úteis, governando também as especulações. Neste aspecto, estão presentes as amizades e festas. Lembra a vida social.

Virgem — A influência da Lua, quando neste signo, se dá sobre os negócios com dinheiro, quando envolvem bancos, e também sobre o comércio, os imóveis e as ciências. Ela nos fala sempre da instrução.

Libra — Quando em Libra, a Lua revela influência sobre todos os nossos compromissos e controla o trato com jóias, a publicidade, os assuntos religiosos, as artes e as viagens por terra e à longa distância. Ela mostra responsabilidade.

Escorpião — Na sua passagem por Escorpião, a Lua rege a persistência e a determinação do ser humano, revelando a sua coragem e dirigindo os assuntos ligados à química. Lembra a fusão dos elementos.

Sagitário — A regência lunar neste signo mostra uma influência determinante sobre conceitos de honestidade e de prudência. As matérias jurídicas, as finanças e os estudos também sofrem sua influência.

Capricórnio — Quando transita por Capricórnio, a Lua governa o nosso conceito de propriedade, atuando sobre os frutos da terra, a política e os orçamentos econômicos, falando-nos da maneira de ter para o amanhã.

Aquário — Em Aquário, a Lua dirige a agricultura, a construção quando vista pelo ângulo do engenho humano, a eletricidade, as invenções e as experiências, setores que lembram avanço e descoberta.

Peixes — No último signo, a influência lunar se faz presente sobre todos os contratos já iniciados e não concluídos e sobre as viagens e as mudanças de vida. A Lua nos fala, neste caso, da filantropia em todas as suas formas.

Os elementos

Conhecendo-se dessa forma as diferentes influências que se fazem sobre cada signo e a maioria dos elementos comuns da astrologia ocidental, é possível combinarem-se traços de comportamento, temperamento e personalidade, que vão dar um perfil o mais aproximado possível da realidade, da personalidade e da maneira de ser de cada um de nós.

Para isso, devemos sempre interpretar esses dados combinando-os com outros já detalhados, mas levando em conta um dado fundamental na nossa formação como seres pensantes e dotados de inteligência: os elementos básicos da vida.

Baseados nas quatro formas da energia e nas suas mais simples manifestações, esses elementos basicamente refletem tudo o que conhecemos e sabemos sobre nossa presença no planeta Terra. Antes de qualquer interpretação sobre uma pessoa, é importante se determinar o seu elemento, pois ela vai refletir, em sua maneira de ser, um deles, da seguinte forma:

Signos do fogo (Áries, Leão e Sagitário) — Os nativos de qualquer um desses três signos vão revelar um temperamento que nos lembra sempre a chama, o fogo ardendo, a explosão de luzes e de calor numa fogueira. Há que se destacar o fato de que a própria Terra, o nosso planeta, surgiu de matéria ígnea, uma verdadeira bola de fogo que esfriou com o passar das eras. Daí reafirmarmos que este é o elemento-chave nos nativos que vivem pela conquista e pela criação, em reflexo de tudo o que os simboliza na natureza, o fogo inicial da vida.

Signos da terra (Touro, Virgem e Capricórnio) — As características dos nativos destes signos, governados pelo elemento terra, mostram a estabilidade e a permanência típicos do solo do planeta em que vivemos. Seu temperamento, por isso, é mais estável e seguro, concreto e palpável como tudo o que compõe, na natureza, a superfície, o chão que pisamos. Nisso há muito de estabilidade e segurança, que são prontos a se destacar na forma de ser, pensar e agir de taurinos, virgianos e capricornianos.

Signos do ar (Gêmeos, Libra e Aquário) — Para os nativos destes três signos, há que se lembrar sempre o etéreo e impalpável ar que nos cerca e nos é essencial à vida. Este elemento revela o caráter também não material do pensamento, a maior força criadora de que dispõe o ser humano. Nossa imaginação, nossos sonhos e aspirações e as idéias que nos conduzem têm o mesmo traço impalpável do elemento que governa o signo. Por isso se ligam à valorização do espírito e da mente e ao desapego à matéria.

Signos da água (Câncer, Escorpião e Peixes) — Para os nativos dos signos da água vale o conceito de que este elemento, por sua própria característica, é essencial à formação da vida, preso ao sentido de existência, de berço e lar. Isso faz com que sejam cancerianos, escorpianos e piscianos os que mais se relacionam com seu próprio ambiente, vivendo-o com intensidade e expressando, nas emoções e na maneira de sentir ou se moldar, o mundo em que vivem. Daí o sentido de adaptação ao ambiente que os destaca na sua forma de agir.

Os decanatos

Um outro fator que contribui, em proporção tanto maior quanto mais próxima for da mudança de signo, é a chamada "teoria dos decanatos", segundo a qual os nativos do primeiro decanato, isto é,

ESCORPIÃO – COLEÇÃO VOCÊ E SEU SIGNO ♏ 71

aqueles que nascem entre o primeiro e o décimo dia de um signo, sofrem influência do signo anterior àquele em que se encontrava o Sol no nascimento da pessoa. Os que nascem no segundo decanato, do décimo primeiro ao vigésimo dia do signo, são os que apresentam maior pureza nas características de seu signo e os nativos do terceiro e último decanato, isto é, no período do vigésimo primeiro ao trigésimo ou trigésimo primeiro dia do signo, sofrem influência do signo posterior, podendo ser classificados da seguinte forma, de acordo com cada um dos decanatos:

1º decanato	2º decanato	3º decanato
Áries-Peixes	Áries-puro	Áries-Touro
Touro-Áries	Touro-puro	Touro-Gêmeos
Gêmeos-Touro	Gêmeos-puro	Gêmeos-Câncer
Câncer-Gêmeos	Câncer-puro	Câncer-Leão
Leão-Câncer	Leão-puro	Leão-Virgem
Virgem-Leão	Virgem-puro	Virgem-Libra
Libra-Virgem	Libra-puro	Libra-Escorpião
Escorpião-Libra	Escorpião-puro	Escorpião-Sagitário
Sagitário-Escorpião	Sagitário-puro	Sagitário-Capricórnio
Capricórnio-Sagitário	Capricórnio-puro	Capricórnio-Aquário
Aquário-Capricórnio	Aquário-puro	Aquário-Peixes
Peixes-Aquário	Peixes-puro	Peixes-Áries

A combinação de decanatos com os demais elementos da análise de características nos dá mais um dado a somar nesse estudo de nossa personalidade. Em linhas gerais, essa combinação de decanatos que figura em cada um dos signos nos revela um importante elemento na análise do que somos.

O que significam os planetas

Sol ☼ Detém o princípio da vida e representa calor, luz e irradiação. Na astrologia, é associado à juventude, ao poder e à virilidade. O coração e o cérebro o retratam, e ele nos diz de vocação, generosidade, heroísmo, da ética e da irradiação de todos esses elementos.

Lua ☽ O nosso satélite governa o princípio matriarcal da fecundidade e exprime as artes, a imaginação e o romantismo. Sua ligação em nossas vidas nos fala da mãe, da irmã e da filha, figuras sintetizadas em sua imagem. Lembra primitivismo, poesia, lirismo, casa e vida doméstica.

Marte ♂ É o planeta da guerra, da luta, da conquista e do domínio. Sua simbologia nos fala de violência, polêmica, militarismo e emboscada. A paixão é o sentimento que nele encontra maior ressonância. É o planeta do começo da idade madura e os desejos humanos são controlados por ele.

Vênus ♀ O planeta que fala da beleza nos lembra a mulher, a juventude, o amor e a ternura. É o

ESCORPIÃO – COLEÇÃO VOCÊ E SEU SIGNO ♏ 73

governante, na astrologia, dos princípios de fusão e atração, atuando sobre os artistas, o sexo, a dança, o canto, a sensibilidade e a estética. Nele estão presentes o luxo, a paz e a beleza.

Mercúrio ☿ O planeta do viajante governa o movimento, fala da adolescência, da natureza flexível no ser humano e nos lembra o jornalismo, o comércio, a literatura, o desenho e as viagens. No nosso organismo, atua principalmente sobre o sistema nervoso, além de controlar a respiração.

Júpiter ♃ É o planeta que governa o princípio da expansão, a coordenação e a ordem. Sob sua influência, se revelam a autoridade e a natureza jovial e extrovertida nos seres humanos. Ele nos diz do bem-estar, da obesidade, da justiça e do senso de humor.

Saturno ♄ O velho "grande maléfico", ao contrário de Júpiter, governa a sabedoria dos mais vividos e idosos, a prudência e a tradição. Fala-nos da avidez e de ciúme, além dos princípios de concentração, abstração e inércia. É o planeta do conservadorismo, do trabalho e da renúncia.

Urano ♅ Para nós, humanos, dirige o princípio do fogo universal, a tensão e a ereção, destacando-se, por isso, como o planeta da conduta, da inteligência, do progresso e da rebeldia. Ele nos fala também de técnica, da aspiração do absoluto, do caráter dos seres e da ação.

Plutão ♇ No que se refere a este planeta, a transformação, a transmutação e a destruição são os elementos mais presentes. Ele governa a morte e a mediunidade, a mente analítica e a sexualidade, as grandes disputas e a espionagem. No seu campo, se colocam também o escuro e o invisível.

Netuno ♆ É o planeta que guarda em si o princípio primordial da existência, a água. Por isso, governa a inteligência sensitiva, as manifestações primárias do instinto. Liga-se à integração universal, à sensibilidade, ao anarquismo e à esquizofrenia. É o símbolo do coletivismo.

O dia da semana

Outro elemento com que podemos trabalhar para a determinação das características astrológicas que fazem nossa personalidade é o dia da semana em que nascemos. Isso pode ser descoberto em calendários perpétuos de agendas comuns ou nas tabelas de publicações especializadas. Estas são as características encontradas para a pessoa, de acordo com o dia da semana de seu nascimento:

Domingo — Dia regido pelo Sol, mostra para os seus nativos um forte sentido de alegria com a vida. Materialmente, obtêm lucro em qualquer atividade. Têm uma vida longa e agem com otimismo e determinação na busca do sucesso.

ESCORPIÃO – COLEÇÃO VOCÊ E SEU SIGNO ♏ 75

Segunda-feira — É o dia da Lua na regência astrológica. Seus nativos são generosos e afáveis, possuem raro tirocínio para negócios e só não obtêm êxito devido à sua excessiva boa-fé. São, com freqüência, pessoas muito amáveis.

Terça-feira — O dia de Marte e de Plutão mostra para os seus nativos um temperamento forte e colérico, que faz com que a pessoa chegue fácil à violência, expondo-se, por isso, a acidentes. São dominadores e têm magnetismo pessoal.

Quarta-feira — É o dia da semana dedicado a Mercúrio. Os nascidos neste dia são pessoas calmas, sociáveis, estudiosas e inclinadas às artes e ciências. Estão sujeitas a contrariedades financeiras e sentimentais ao longo de suas vidas.

Quinta-feira — Dia de Júpiter. Há uma clara indicação de que os os seus nativos são humanitaristas e muito alegres, sempre prontos a ajudar os que carecem de apoio e proteção. O seu êxito, habitualmente, vem da ajuda de amigos e pessoas próximas.

Sexta-feira — Este é o dia de Vênus, planeta da beleza. Os nascidos neste dia têm forte magnetismo, encontram caminho fácil para o sucesso e conquistam, não raro, verdadeiras fortunas. Mostram, pela influência de seu regente, forte inclinação para as artes.

Sábado — O dia de Saturno dá aos seus nativos elementos de melancolia e meditação, revelando também

uma forte tendência ao retraimento. Seu progresso é lento, embora sejam muito inteligentes e capazes de assimilar tudo com facilidade.

Os ciclos e eras astrológicos

Um tema que tem empolgado tanto os estudiosos e pesquisadores de astrologia, como as pessoas comuns em todo o mundo, é o fim da Era de Peixes e as mudanças decorrentes deste término com a passagem para a Era de Aquário. Poucos porém, sabem, com exatidão, o que tal evento significa.

Da mesma forma que os movimentos de rotação do planeta Terra nos dão a noção de dias, horas, minutos e segundos e os movimentos de translação determinam os anos, décadas, séculos e milênios, existe também um movimento do Sistema Solar que, por ser de grande amplitude e extremamente longo, demorado, é quase imperceptível. Esse período, o assim chamado Grande Ano Sideral, perfaz um ciclo astrológico que, completo, dura cerca de 26 mil anos.

Na astrologia, esse ciclo é detalhado da mesma forma que o horóscopo comum, ou seja, é dividido em 12 casas, que correspondem aos 12 signos do zodíaco. Sua movimentação, porém, se faz na ordem inversa do percurso anual dos signos, indo de Peixes até Áries, no sentido dos ponteiros do relógio. Cada uma dessas divisões é denominada *era* e sua duração é de, aproximadamente, 2.160 anos. Quando uma nova era se inicia, temos uma mudança de regência no Sistema Solar.

Como é difícil identificar o ponto exato onde termina o período de regência de um signo e começa o seguinte, a data precisa da transição de uma era para outra tem sido quase impossível de ser determinada. Por esse motivo é que, atualmente, se observa como os astrólogos têm divergido acerca de quando realmente se iniciaria a Era de Aquário.

Esses grandes ciclos também exercem efeitos sobre a vida humana, porém, de forma muito mais abrangente. Estando cada era sob a regência de um determinado signo, a influência desse signo vai marcar, durante 2.160 anos, os acontecimentos, as descobertas, o desenvolvimento de idéias, os comportamentos, os valores, o relacionamento entre culturas, religiões, etc.

Devido à sua longa duração e à sua enorme amplitude, as eras interferem não somente na vida de cada pessoa, individualmente considerada, mas, principalmente, na evolução da espécie humana, em seu desenvolvimento intelectual e espiritual e na história das civilizações.

Os fatos registrados pelos arqueólogos, antropólogos e historiadores são a melhor comprovação da existência e das conseqüências desses ciclos.

As duas eras mais recentes são claramente identificadas por relatos escritos e orais dos povos que as vivenciaram: a Era de Touro, entre os anos 4511 a.C.

e 2351 a.C., e a Era de Áries, que se encerrou com a chegada de um período de forte religiosidade, pouco antes do advento do Cristianismo.

Com a Era de Áries, entre 2351 e 191 a.C., a humanidade encerrava mais um Grande Ciclo Astrológico de 26 mil anos, quando o ser humano deixou para trás sua pré-história e desenvolveu o que se conhece como "civilização" em um sentido mais moderno.

Esse ciclo de aproximadamente 26 mil anos representou, portanto, o domínio do mundo físico e do corpo. A partir daí, preparou-se outro momento da evolução, que apontou para uma valorização do espírito sobre a matéria e, conseqüentemente, da mente sobre o corpo. Esse novo Grande Ciclo Astrológico se iniciou há pouco mais de dois mil anos e foi marcado pela entrada da humanidade na Era de Peixes.

Era de Touro
Aproximadamente de 4500 a.C. a 2350 a.C.

Com poucos registros escritos, conhecida principalmente por meio da transmissão oral, a primeira dessas eras astrológicas historicamente identificada, a Era de Touro, coincide com o surgimento de algumas das maiores civilizações da Antigüidade, a minóica, ou cretense, e a egípcia. Em Creta, surgiram lendas e mitos em torno de uma figura lendária, o rei

Minos e o Minotauro. No Egito, às margens do fértil Nilo, com os faraós surgiram exemplos dos maiores avanços obtidos pelo ser humano até à época nos mais diferentes campos de atividade.

Em ambas as civilizações, da mesma forma como ocorria pelo mundo afora, uma figura assumia papel preponderante nos cultos, na economia, e na simbologia de seu próprio desenvolvimento: o *touro*, o mais sagrado e festejado dos animais, símbolo de profundas mudanças na vida do homem, que então se tornava sedentário, agricultor e pastor.

O homem estabelecia-se nos grandes vales, junto aos rios caudalosos da Europa, Oriente Médio e Ásia. A princípio, em sociedades com caráter nômade, cuja principal atividade era o pastoreio. Muitas ocorrências desse período estão narradas na Bíblia, no Antigo Testamento, na história de um povo semita, os hebreus, com suas 12 tribos.

Ao mesmo tempo, no Egito, surge a civilização dos faraós construtores de pirâmides, onde o deus Ápis — o touro sagrado — ocupa lugar de destaque entre os deuses da civilização das pirâmides. Também é dessa época o florescimento das grandes civilizações da Mesopotâmia.

Na ilha de Creta, adora-se o Minotauro (ser mitológico, com corpo de homem e cabeça de touro) e, da mesma forma, o touro constitui-se no principal elemento de culto. Igualmente, na Índia, o boi assume um caráter sagrado e se torna símbolo de veneração pública.

Por todo o mundo conhecido, firma-se o caráter civilizatório. O homem, agrupado agora em tribos de pastores que constantemente se deslocam em busca de melhores pastagens, cria os embriões das primeiras cidades, surgidas em torno de entrepostos, aguadas e oásis, todos vinculados à existência de pastagens e aguada para o gado.

Foi uma era de tranqüilidade em que predominaram como principais características a "paciência bovina", o espírito conservador, a confiança do ser humano em seu semelhante, o sentido da posse e o materialismo, todas elas típicas do signo de Touro.

Era de Áries
Aproximadamente de 2350 a.C. a 200 a.C.

Por volta do ano 2351 a.C. ocorre outra mudança, com o ingresso na chamada Era de Áries, dominada por Marte. Na história da civilização, caracteriza-se pelo surgimento de sociedades guerreiras, já então sedentárias, donas de terras e que fizeram das armas, da ciência, da guerra e da luta física o seu objetivo.

Dominado o pastoreio e estabelecidos os primeiros elementos de riqueza individual com o aparecimento dos conceitos de "propriedade" e de "território", o ser humano se mostra apto a ingressar em uma nova fase de sua evolução. A espécie já se espalhara o bastante para que pudesse se iniciar um novo ciclo, agora regido por Ares, o deus da guerra.

ESCORPIÃO – COLEÇÃO VOCÊ E SEU SIGNO ♏ 81

O domínio das sociedades militarizadas, que se contrapõem ao modo de vida quase rural e tranqüilo da era anterior, revela claramente as influências astrológicas dos seus respectivos regentes. Se Touro, regente do ciclo anterior, sugeria uma sociedade pastoril, tranqüila e voltada para a consolidação da convivência no campo, Áries, regida que é por Ares ou Marte, o deus da guerra, ao contrário, inclinava toda a civilização para a expansão e a conquista pelo uso de armas, uma típica alusão à forma de agir arietina marciana.

Todas as sociedades de então refletem o caráter desse período quando são agrupadas em torno de habitações fortificadas e tendo como governantes os melhores entre os seus guerreiros. O homem desenvolve o sentido da luta pela vida, revelando um caráter independente, criador, com um dinamismo que o diferencia de seus antepassados.

É nessa época que se descobre a posse permanente da terra, fazendo surgir o conceito ainda tribal de território e propriedade, resultado de um processo econômico incipiente ligado à agricultura sedentária. Com isso, o soldado passa a ser valorizado e substitui, em importância, o rei pastor de outrora.

Esse novo período coincide, no Egito, com o fim do Antigo Império e a invasão do país pelos hicsos, povo indo-europeu que se esmerou nas técnicas de guerra e que, utilizando o cavalo e o carro de combate, conseguiu dominar quase todo o território que hoje se conhece como Oriente Médio.

Na Grécia, as cidades-estado ganham importância e, entre elas, Esparta, que se torna o exemplo máximo do domínio da espada sobre o arado com o culto à espada, atingindo seu ponto culminante no treinamento dos jovens e de crianças, a partir dos sete anos, nas artes do combate e da guerra.

Em Roma, consolida-se uma civilização de conquista e domínio que deixou marcas profundas em todo o mundo. São dessa fase personagens e fatos famosos, do porte de Alexandre Magno, o imperador Dario, a maratona grega, a Guerra do Peloponeso, as Olimpíadas, os cônsules e as centúrias romanas.

Seguindo os desígnios de sua própria evolução, o ser humano cumpre, nessa Era de Áries, a tarefa de afirmação da espécie sobre o planeta Terra, encerrando também outro ciclo astrológico, um Grande Ano Sideral iniciado 26 mil anos antes, quando os primeiros dos *Homo-sapiens-sapiens* se acomodou numa caverna, ao lado de remanescentes e dos vestígios de seu antecessor, o Neanderthal, e dali começou seu processo evolutivo.

Era de Peixes
Aproximadamente de 200 a.C. até 1969.

Nessa fase, tão bem conhecida de todos nós, o homem entra em um novo processo de evolução que vai lhe proporcionar o desenvolvimento do espírito e da mente, elementos que irão se sobrepor à valorização do corpo físico e ao materialismo das eras anteriores. Nessa etapa, a humanidade efetua suas conquistas exercitando o raciocínio. É a era do predomínio do psiquismo e da religiosidade.

Aproximadamente quinhentos anos após a fundação de Roma, nos séculos que antecedem o nascimento de Cristo, surgem os primeiros sinais da mudança para o que hoje se convencionou chamar de "civilização ocidental", ou seja, o resultado da união das culturas egípcia, grega e romana, uma fusão típica de início de nova era.

O declínio do Império Romano coincide com o aparecimento, no Oriente Médio e na Ásia, de novas correntes religiosas, que pregavam princípios de caridade, benemerência, tolerância e predomínio do espírito, em contraposição à outra, bem diversa, na qual prevaleciam as figuras vingativas e iradas dos deuses arietinos, espelhados em Marte.

Foi nesse período, imediatamente anterior à Era de Peixes, que surgiram os grandes nomes das mais importantes religiões em todo o mundo, anunciando e preparando a mudança: Buda, Zoroastro, Lao-tsé e Confúcio.

O ser humano muda e passa a agir de forma mais voltada a si mesmo e ao seu interior. A religiosidade cresce e, com o passar dos séculos, a religião ganha força, muitas vezes assumindo o Estado.

O Hinduísmo, o Xintoísmo e o Budismo predominam na Ásia e determinam, por seus preceitos e valores, todo um estilo de vida. No Ocidente, os hebreus consolidam seus conceitos religiosos e influenciam o aparecimento do Cristianismo que, séculos mais tarde, vai validar reis e imperadores, dispondo sobre tronos e sucessões.

Mais tarde, no Oriente Médio, o Islamismo floresce e propicia o surgimento de diversas nações que justificam sua existência pelos princípios dessa nova revelação religiosa.

Dentre todas essas religiões, ao lado das crenças orientais do Hinduísmo e do Xintoísmo, foi o Cristianismo que demarcou, de forma mais intensa e evidente, a mudança de eras e o início de um novo grande ciclo na vida humana. O cristão tem no peixe o seu grande símbolo, representando a consolidação da influência exercida nesse período por esta figura mística e psíquica do Cristo e de sua pregação.

Exercitando as características típicas da Era de Peixes, o homem apresenta-se intuitivo, artístico e emotivo, ao mesmo tempo em que também se mostra pessimista, místico e sem o pragmatismo natural aos outros signos, regentes de eras anteriores.

É essa inteligência pisciana — dedutiva, curiosa, pesquisadora e valorizada pelas conquistas intelectuais — e o seu desenvolvimento que constituem os fatores dominantes dessa etapa da evolução humana.

Profundamente ligado ao signo regente e a seu elemento dominante, o mar assume a condição simbólica de fronteira, cujo desbravamento torna-se o

ESCORPIÃO – COLEÇÃO VOCÊ E SEU SIGNO ♏ 85

desafio maior. Movido pelas determinações de Peixes, o ser humano se espalha pela Terra, cria cidades, inventa instrumentos, controla doenças.

A consolidação desse processo é notado, de forma mais evidente, a partir do décimo nono século da Era Cristã, quando todo o conhecimento absorvido ao longo de mais de dois mil anos consolida o avanço científico que permite o domínio da mente, dos atos humanos e até mesmo das forças da natureza.

É dessa época o domínio da energia, tanto a elétrica e a solar quanto a atômica, que se somam a avanços inimaginados na medicina, na física, na química, nas comunicações, nos costumes e na política.

Atualmente, com este início de milênio, apresentam-se os sinais de uma nova era, demonstrados, de forma bem nítida, pelos primeiros movimentos em direção à conquista do espaço, a valorização da ecologia, o aumento da expectativa de vida, o domínio de tecnologia mais avançada e pelo repúdio a guerras e confrontos.

São estes, por sua característica, os sinais mais evidentes da entrada e da vida na Era de Aquário.

Era de Aquário
De 1969 em diante.

Como acontece nas análises astrológicas comuns, que tratam de intervalos de meses e anos, o início e o fim de uma era também não são facilmente delimitados em nossa contagem de tempo usual. Apesar disso, agora possuímos, com exatidão, a indicação clara do término da Era de Peixes e a chegada desta nova fase, regida por Aquário.

São bem evidentes os sinais indicativos dessa transição, da mesma maneira que há cerca de 2.200 anos houve o afloramento da religiosidade do ser humano quando se observou o aparecimento de figuras dominantes e criadoras em todas as religiões.

Cumprindo, em seu modo de ser e de agir, os primeiros vislumbres dessa mudança fundamental, o ser humano olha a natureza não mais como predador e destruidor, mas em busca de maior integração. Observa as estrelas não mais para guiar seus passos na Terra, mas ensaiando viajar pela galáxia. Desembarca na Lua e descobre que os planetas do Sistema Solar não são estrelas distantes.

Passam a freqüentar o cotidiano do indivíduo comum notícias sobre naves-robôs, que investigam a superfície dos corpos celestes distantes e antes apenas razão de mitos e lendas.

O pensamento, a reflexão e a espiritualidade mostram domínio maior sobre o caráter instintivo herdado das eras passadas. Começam a comandar nossas ações os elementos aquarianos de lógica científica, de pesquisa visionária, de independência da espécie e de rebeldia diante das amarras do corpo físico.

O caráter belicoso, presente na humanidade a partir da Era de Áries, entra em processo de dissipação, e a herança deixada pela preponderância da inteligência sobre a força bruta, desenvolvida durante a Era de Peixes, fornece as condições de enfrentar os desafios desse novo ciclo, a Era de Aquário.

PARTE 2

Capítulo 3

Escorpião

...Tomou pois o Senhor Deus ao homem e o colocou no jardim do Éden para o cultivar e o guardar.
E lhe deu esta ordem: "De toda árvore do jardim comerás livremente, mas da árvore do conhecimento do bem e do mal não comerás; porque no dia em que dela comeres, certamente morrerás..."

Gn 2: 15-17

Abertura

O diretor de TV olhou pensativo, mais uma vez, para os monitores à sua frente. O desafio de colocar no ar as imagens do programa eleitoral gratuito, com a exigüidade do tempo para os candidatos, o deixava temeroso de que o menor "estouro" no tempo o pusesse diante do implacável juiz eleitoral, um rigoroso observador dos segundos na publicidade de campanha. Na tela, o jovem candidato aguardava o sinal para seu curto discurso, no maior dos desafios para a experimentada equipe da TV em Juiz de Fora. Menos de um minuto para mostrar uma plataforma eleitoral numa campanha para a prefeitura era algo que assustava os técnicos. Por mais que buscasse o equilíbrio entre a mensagem que os "marqueteiros" tanto apregoavam e as exigências legais, Marco Antônio, o diretor, sabia que o tempo mal daria para se dizer o nome e alguma coisa do currículo do candidato à sua frente.

No pequeno tablado onde deveria gravar a sua fala, o candidato consultava documentos e volta e meia olhava para o diretor de estúdio à espera do sinal para o início da gravação. A expectativa dos oito homens que formavam a equipe de gravação do programa era enorme. E isso se traduzia por uma tensão que se espalhava pelo ar. Como se sairia aquele que dizia que iria disputar votos e mudar os rumos da política, apresentando-se o antipolítico? Essa pergunta inquietava do jovem diretor ao cableman *que zanzava no estúdio. Ninguém sabia o que esperar daquela absurda exigência legal para um candidato falar em menor tempo que o de um comercial. Mas, chegara a hora.*

O diretor olha para o monitor, move a fita mais uma vez, coloca tudo no ponto e inicia a contagem, acenando para seu colega no outro lado dos grossos vidros da cabine de direção de imagem. Quatro... três... dois... um!!! No ar! Era o início da gravação. O candidato levanta os olhos do painel. Junto à sua imagem surgem os caracteres com seu nome: José Ascânio — Prefeito*. Sua imagem de vídeo impressiona. Seus olhos se mantêm fixos como se ligados ao telespectador. Fala direto e pouco. Termina a exposição em 42 segundos. E, em gesto típico do escorpiano que lembra um candidato à presidência de tempos passados, faz um arco com a mão e a aponta para a câmera encerrando a fala em exatos 58 segundos e 9 décimos. Sua última frase mostra bem o seu signo solar, coincidentemente, o mesmo daquele outro candidato numa eleição para a presidência: "Meu nome é Zééé!!!...", encerra.

---

*Nome e personagem fictícios.

Eu desejo...

O oitavo signo, Escorpião, é o mais complexo e rico dos signos do zodíaco. Antes simbolizado por uma águia e hoje representado na estilização de uma serpente com a cauda aberta, em alusão às funções de procriação e perpetuação da espécie que lhe são atribuídas, é Escorpião o símbolo astrológico do sexo, da morte e da ressurreição, do instinto e da emoção. Na natureza, representa os efeitos do outono quando as sementes se depositam no solo e iniciam o processo de gestação de uma nova vida. Nele estão os conceitos de vida e morte como expressão dos atos de criar e recriar, num ciclo eterno de renovação. Situado no período que se inicia habitualmente em 23 de outubro, a primavera no hemisfério sul e o outono no hemisfério norte, está ligado, na mitologia, à história do caçador Órion, dado pelos deuses como presente ao rei Hirieu e que, tornando-se um belo jovem, envolveu-se com a deusa Diana. Esta, ameaçada por ele em momento de delírio, fez surgir da terra um escorpião que o picou mortalmente. Arrependida, Diana pediu a Júpiter que o transformasse em uma constelação, dando início ao mito da vingança e da morte, do sexo e do renascimento. Na astrologia mundana, rege os negócios bancários, a moral de um povo, as epidemias e o sexo, elementos típicos de um signo que evoca a transição como ciclo vital na evolução. É regido duplamente por Marte e Plutão, planetas que acentuam a emotividade. Seus conceitos-chave são: **emoção, regeneração, engenhosidade**.

Signo: Escorpião.
Nativo: escorpiano.
Posição zodiacal: de 210 a 240 graus.
Posição temporal: de 23 de outubro a 21 de novembro.
Elemento: água.
Qualidade: fixa.
Trindade: reprodutora.
Regência planetária: Marte em co-regência com Plutão tem Mercúrio em exaltação, Vênus em exílio e Júpiter em queda.
Oposto: o signo de Touro.
Simbologia: é o signo do instinto e da emoção, revelando a permanência da indisciplina entre os humanos e a violência das forças da natureza, descontroladas e sem freios. Leva-nos à noção básica da criação, do sexo e da reprodução. Mostra em seu temperamento uma forte ansiedade, enorme curiosidade diante da vida, uma incontrolável tendência ao extremismo em suas concepções sobre pessoas e fatos. É apontado como o símbolo da morte para os humanos, o fim de um ciclo e início do renascimento e de uma nova vida.

ESCORPIÃO – COLEÇÃO VOCÊ E SEU SIGNO ♏ 97

Cor: tons de vermelho até o marrom.
Pedras preciosas: a opala, o topázio e a granada.
Metais: o cobre e o aço.
Flores: a dália, a azaléia e o crisântemo.
Perfumes: as essências de violeta e o sândalo.
Plantas: a videira, o jacarandá e a o castanheiro.
Animais: o tigre, a lebre, o chimpanzé e o gavião-real.
Dia da semana: terça-feira, dia regido por Marte e Plutão.
Regência sobre o corpo: os órgãos do sistema reprodutor, a próstata, a bexiga, o útero e áreas corporais próximas. Esta correspondência torna os nativos mais sensíveis a problemas de origem sexual e de reprodução.
Números: 4, 8 e seus múltiplos.
Talismã: uma serpente de cobre sobre metal amarelo ou de prata.
Cidades: Florianópolis, Valência, Nova Delhi, Belém, Washington, a Rive Gauche, em Paris, Casablanca e todo o Marrocos, Telavive e Osaka.
Clima: áreas litorâneas, com clima quente e úmido, e as escarpas de montes tropicais.
Virtudes: a criatividade, a originalidade, o senso empreendedor, a determinação e força de vontade e a consciência.
Fraquezas: o egocentrismo, a possessividade, a inquietação, o ciúme, a vingança, a intolerância e a belicosidade.
Tipo escorpiano: uma pessoa exigente e dominada inteiramente pela paixão, que se mostra exuberan-

te e poderosa, dormente e silenciosa, mas que, em tudo o que faz, se empenha ao extremo. Passional, seus desejos não têm limites e sua realização ocorre pelo domínio. Corresponde às últimas folhas a cair no outono — no hemisfério norte — e revela fecundidade de idéias e de vida em uma forma de existir que exige a plenitude de sensações e de emoções. É um realizador persistente e muito criativo.

Personalidades do signo: o pintor Pablo Picasso; Edson Arantes do Nascimento, o Pelé; a imperatriz francesa Maria Antonieta; o príncipe Charles, da Inglaterra; Rui Barbosa, político e advogado; o escritor Humberto de Campos; o ator José Lewgoy; o político americano Robert Kennedy; a cientista madame Curie; o presidente e general francês Charles de Gaulle; o escritor Rudyard Kipling; as atrizes Eva Todor, Dina Sfat e Rosamaria Murtinho; os cantores Belchior e Agnaldo Timóteo; o político e médico Enéas Carneiro; a atriz e princesa Grace Kelly e o presidente americano Theodore Roosevelt.

A personalidade escorpiana

Simbolizando a criatividade, o desejo e a originalidade, Escorpião, o oitavo signo do zodíaco, é desde a Antigüidade a representação astrológica do início e do fim no eterno refazer da trajetória do ser humano em sua caminhada pelo planeta.

É o mais poderoso e expressivo de todos os signos, aquele que dá aos seus nativos a notável capacidade de lidar, de forma digna e honesta, com os processos fundamentais de transformação por que passam os seres humanos ao longo de suas existências.

Desde a mais remota Antigüidade, quando era representado não por um escorpião, mas por uma águia, o signo vincula-se à própria evolução da espécie humana, mutável e sempre em busca de um ideal que nunca é encontrado.

Hoje, representado pelo escorpião, mais próximo de seus vínculos com o sexo e a reprodução, confere ao seu nativo a responsabilidade de atuar em nome da própria humanidade, para que essa transformação se opere sempre no sentido da elevação espiritual, física e material da espécie.

Como conseqüência, fica o escorpiano vinculado à emoção, ao desejo, ao sexo que, sob sua influência, ganham força construtiva e moldam vida e morte entre os seres humanos.

É por isso que os nativos do signo encarnam fortes instintos e os impulsos da violência que sempre cercam os processos de início e fim da vida. E o fazem no sentido de valorizar o próprio ato do sexo e da criação.

Escorpião encarna o sexo não como ato-base da reprodução no plano físico mas, sim, transformado em erotismo. E, ao contrário de seu oposto, o signo de Touro, nessa representação simbólica da vida na

Terra, ele expõe o lado mais complexo e intricado da existência humana, aquele que se nutre de paixões do inconsciente e dá esse sentido pouco racional às coisas ao seu redor.

O resultado dessa posição mostra que o caráter do escorpiano é envolto por uma aura de poder e sempre está presente nos seus mais singelos atos.

Por isso, o nativo imprime ao menor de seus pensamentos e à mais insignificante de suas ações o sentido da afirmação de seu domínio sobre tudo o que existe em torno de si, de pessoas a fatos, numa força que se desdobra e cresce com o passar dos anos e à medida que ele adquire conhecimento e experiência.

Para que possa suportar essa tendência dominadora, no plano prático, o nativo dispõe de um grau muito elevado de energia física e emocional que, combinadas, acentuam a sua força, seu poder individual e sua capacidade de domínio. Assim, mostra-se uma pessoa que sabe, como ninguém, adicionar aos seus atos incomensurável força de vontade para a realização de seus projetos e de seus mais íntimos ideais.

Com tudo isso, o emocional escorpiano é extremamente expressivo e pode, como digno filho de Marte e Plutão, moldar sua vida em uma forte e marcante presença, como a de alguém que navega por caminhos inóspitos em busca da afirmação de sua personalidade e voltado inteiramente para a conquista de seus objetivos.

Nessa caminhada, é levado, muitas vezes, a reações extremas e a posições radicais. Tais radicalismo e extremismo, no entanto, não se manifestam de forma irracional ou instintiva. O escorpiano os usa dentro de todo um raciocínio frio e objetivo que o conduz sempre ao êxito.

À mercê dessa disposição, o nativo consegue sempre o que quer, aplicando, sobre o que idealiza, sua força e vontade.

Ponto controvertido da sua personalidade, esse dom de agir com tal objetividade ganha maior importância quando utilizado de forma consciente. É muito fácil para o filho de Escorpião exagerar as coisas e se ver, por conta desse exagero, em situações insustentáveis ou de difícil controle. Apesar disso, tem uma consciente capacidade de entender suas limitações e refrear exageros, quando isso lhe interessa.

O temperamento criador de Escorpião gera, por outro lado, um alto senso de competitividade, que se reflete na sua forma de reagir diante do mundo. Para ele, vencer e conquistar são verbos que praticamente se conjugam como viver. Sua existência está intimamente ligada à noção da conquista e da vitória.

Isso o faz uma pessoa bem especial e que, ao longo da vida, está sempre competindo com alguém ou por alguma coisa, com o objetivo de se superar e superar as limitações que bloqueiam seu caminho.

Mas, ao contrário do que pode parecer, essa luta nem sempre o leva ao êxito e ao sucesso. Nela, perde um bom tempo de sua existência e envereda, não raro, pelos caminhos da disputa pelo prazer da competição sem sentido e sem resultados.

Para quem a vida é feita para ser vivida em todos os seus momentos, não sendo aceitável gozá-la parcialmente ou pela metade, tal conceituação representa, na maioria dos casos, uma forma interior de rebeldia diante de situações que possam privá-lo do que existe de melhor à sua volta.

Na visão do escorpiano, só entendemos a vida quando nos é dada a oportunidade de usufruir do melhor que o mundo tem para dar, sem limitações que existem apenas em nossas convenções. É por este motivo que coloca em suas ações a sua tão decantada energia.

Uma característica que resulta desse quadro mental é a certeza de que o filho de Plutão vai sempre ultrapassar os seus próprios limites como resultado de sua vontade firme e determinada e à qual dá tamanha intensidade que envolve todo o seu acentuado potencial criador e de raciocínio.

Versátil, sabe como ninguém ir de um extremo a outro na sua caminhada pelos desafios da vida e não lhe é difícil deixar o riso pelo choro, a alegria pela consternação e a euforia pelo desânimo, tudo em frações de segundos. Nesse comportamento, há o reflexo do caráter emocional que é a essência de todos os nativos dos signos da água. Como o seu próprio elemento, ele pode ir do gelo mais compacto ao vapor escaldante de uma fervura instantânea.

Ao lado dessa figura poderosa e esfuziante, existe um ser amigável bem conhecido por todos os que privam de seu querer e dele se beneficiam.

Como tudo o que faz em sua vida, o nativo de Escorpião sabe ser um amigo incomparável, companheiro que nunca falta nas horas difíceis e nos momentos mais delicados. Para ele, não é difícil fazer amigos e seu gênio afável salta aos olhos quando está entre as pessoas de quem gosta.

Ao contrário disso, sabe ser também o mais implacável dos inimigos e o mais duro e exigente dos seres humanos, refletindo nesse tipo de conceito a sua mobilidade entre os extremos.

Não é de seu feitio mudar facilmente de amizades. Ele só rompe com um amigo quando isso se torna extremamente necessário por razões sólidas e profundas.

Dotado de forte senso de justiça, baseia-se, ao tomar uma decisão, em conceitos bem próprios sobre o que é o melhor para si e para os outros. Não é a justiça para todos, mas a justiça para todos na visão escorpiana.

Ao julgar alguém ou alguma coisa, separa o certo do errado e conclui por si o lado a apoiar. E isso acontece com a maioria dos nativos, embora muitos deles só se dêem ao trabalho de avaliar a justiça de um fato se isso lhe for interessante.

Se a sua ação for necessária em relação a um fato que não o faça se sentir bem, reage e foge do julgamento, omitindo-se e deixando que outro o realize.

Habitualmente, o nativo de Escorpião é um ser misterioso que nunca se deixa conhecer por inteiro, guardando muito de si para aquele "eu" interior que só nós conhecemos a nosso respeito. E isso o faz com uma naturalidade que impressiona, mostrando bem o seu lado espiritual, influenciado que é pelo mediúnico Plutão. Em cada escorpiano existem vários seres que se revelam na medida em que isso interessa a cada um deles, individualmente.

O caráter mediúnico da influência plutoniana se soma, no seu temperamento, aos elementos de transmutação ou de mudança que fazem com que na sua visão as coisas tenham sempre um caráter transitório e passível de transformação.

Surge daí a tendência natural no signo de mudar as coisas e pessoas em torno de si, o que o nativo faz mesmo quando, contraditoriamente, se mostra uma pessoa de caráter introvertido.

Os seus processos mentais voltam-se sempre a alguma mudança e ele está sempre à procura do que possa alterar, criando quando nada existe ou mudando quando encontra algo já pronto, acabado. É um dom especial e de profundo significado esse de fazer surgir coisas novas, inovar coisas velhas e alterar o que necessita da mudança.

Esse caráter inovador pode torná-lo um revolucionário na acepção mais ampla da palavra, especialmente diante da postura de pessoas que considere imobilistas e distanciadas da realidade.

Habitualmente, tal comportamento revela o lado idealista do nativo que, em se tratando da política, por exemplo, o faz abraçar causas e por elas lutar de uma forma quase exagerada, extremista mesmo, defendendo seus pontos de vista com um ardor que impressiona. Neste campo, é o mais irredutível dos líderes e o mais intransigente dos defensores da bandeira que opta por levantar.

É de público que se mostra o outro lado dessa característica típica do nativo que tem um profundo orgulho de suas concepções, seu caráter e seu prestígio. Em razão disso, jamais, em toda a sua vida, suporta qualquer espécie de humilhação que, na sua avaliação, sempre se soma, em importância, aos mais profundos atos de traição. Ambos fazem despertar o lado mais cruel do signo, um comportamento vingativo e um ódio que ultrapassam, em sua intensidade, até mesmo a figura do ofensor, fazendo com que sua vingança e seu ódio se desdobrem por outras pessoas e por longo do tempo.

Comumente se diz que o escorpiano é vingativo, como se isso fosse um defeito. Na verdade, o caráter do nativo não é de pessoa rancorosa, má ou de índole destrutiva. O instinto de vingança escorpiana, terrível quando ocorre, só se manifesta nas poucas ocasiões em que o nativo identifica uma ofensa grave, sem reparo e sem justificativa. Ele não tem tempo a perder com picuinhas e pequenos atritos, pois, como tudo em sua vida, a ofensa para merecer-lhe ódio ou a atenção de uma reação tem que ser muito grande, insuportável.

Mas, apesar disso, não é um pacificador ou um pacifista. Ao contrário, sua índole mostra uma forte tendência para a briga, a discussão e a polêmica. Ele jamais foge a um confronto, seja de que natureza for, e isso se manifesta de forma repentina, embora esteja sempre preparado para uma disputa.

O risco desse tipo de comportamento é a sua conseqüência, pois o confronto, em se tratando de alguém de Escorpião, se faz seguir de todo o espírito destrutivo do signo, que elege a destruição o alvo final da sua ira, sempre.

O mais interessante desse aspecto agressivo do temperamento do nativo é o fato de que, ao contrário do que ocorre com o arietino, seu companheiro na regência marciana, a agressividade jamais é cega e irracional. Escorpião é sempre regido pelo racionalismo mercuriano, o que o faz combinar violência com inteligência em um processo ainda mais temível: a ira ou a explosão de agressividade somadas ao racionalismo típico do signo.

Por sua natureza, mostra um gênio introvertido e fechado, não é dado ao riso fácil e ao humor gratuito. Muitas vezes, ele é pessimista, especialmente quando tocado por fatos que o levam à desconfiança ou ao ressentimento. Nessas situações, o humor do nativo se manifesta de forma negativa, revelando toda a sua desconfiança, embora não a mantenha por muito tempo.

Com uma sensibilidade exagerada, que reflete sua maneira de ser e o caráter mutável da água que lhe serve de elemento, é também uma pessoa extremamente ciumenta e possessiva, dando mostras evidentes desse tipo de emoção quando confrontado com fatos que a justifiquem.

No amor, especialmente, jamais aceita passivamente uma traição ou a infidelidade. Seu senso de posse, em se tratando de relacionamento afetivo, é de tal ordem, que tem como ofensa pessoal irreparável qualquer quebra de fidelidade.

O escorpiano necessita ao longo de sua vida de alguma coisa que lhe concentre a atenção. Nisso, também vai ao exagero, um conceito que lhe é tão comum.

A busca por algo que o preocupe e ocupe acaba por se tornar uma verdadeira obsessão, elemento que, aos poucos, se fixa em sua rotina tornando-se essencial à sua vida e imobilizando-o por longo tempo.

O risco existe quando esta fixação se materializa por uma determinada pessoa. Isso pode tornar o nativo, não satisfeito em seus propósitos, amargo e decepcionado, até obter o que pensa ser necessário para satisfazer seu ego ferido.

Inquieto, está sempre em movimento, em busca da satisfação de sua natural curiosidade ou à procura de alguma coisa nova. O marasmo, a estagnação e o imobilismo não o agradam e deles ele se ressente com muita facilidade.

Manter-se nessa procura por alguma coisa sempre melhor ou mais elevada em relação aos seus objetivos de vida é uma forma quase natural de comportamento que escolhe para se mostrar presente no mundo. É o escorpiano, nessas ocasiões, um caldeirão de idéias e decisões a ferver permanentemente.

Na sua busca pelos mistérios da vida, muitas vezes com um objetivo tão profundo que nem ele mesmo sabe bem o que é, o escorpiano é sempre claro na definição de suas metas, embora deixe escapar o objetivo final da sua luta.

É a velha memória humana da competição pela competição que o faz andar, caminhar, correr e disparar na sua busca. Profundamente racional, leva avante essa caminhada e quase sempre obtém as respostas que procura, não importando que elas estejam envoltas no mais profundo dos mistérios.

E mistério é uma palavra tipicamente escorpiana. Nada há que fascine mais um nativo do signo que os mistérios da vida e da morte. E, em razão disso, ele se faz um ser bastante misterioso, usando todo o seu fascínio pessoal, o que funciona de maneira notável, especialmente quando se trata da conquista amorosa.

Na realidade, com sua busca por explicações para tudo o que encontra pela frente e, especialmente esses mistérios, é um ser insondável, cheio de misteriosas imagens pessoais, o que fascina homens e mulheres que tentam decifrá-lo e entendê-lo. Em vão, diga-se.

Para esse tipo de comportamento, o escorpiano conta com a sua postura diante do que pensam outras pessoas a seu respeito. Completamente desligado de avaliação alheia, se mostra despreocupado e distante a ponto de parecer que sobre si ninguém fez observação alguma.

Jamais encaminha suas decisões pela opinião de outras pessoas. Em tudo o que faz, leva em conta apenas a sua própria opinião e seus próprios valores

ESCORPIÃO – COLEÇÃO VOCÊ E SEU SIGNO ♏ 109

e conceitos, sempre cercados de uma aura de honestidade, integridade e rigor que impressionam.

Traços de temperamento revelam o seu rigor com princípios que ele considera essenciais, o que fica bem evidente quando enfrenta problemas e adversidades em sua vida.

Situações que, para outras pessoas, podem significar uma barreira intransponível, apenas lhe servem de ânimo para buscar a sua superação, quando põe a seu serviço todas as suas notáveis qualidades individuais.

Ele não se abate, nem deixa passar a ocasião para agir, e agir de forma entusiasmada, firme, segura e rigorosamente dentro dos planos que traça, buscando a saída para a dificuldade que ele sempre considera passageira.

Essa forma de superar a adversidade, Escorpião a tem como uma maneira de responder aos desafios que aparecem em sua busca pelo seu destino pessoal de ganhar sempre. O nativo nunca se conforma em perder, ainda que tenha uma notável dose de esportividade.

Ele enfrenta qualquer problema sem deixar que transpareçam sua emoção ou decepção, sentimentos que guarda daquilo que o afetou. Com a aura de vencedor, empenha-se em mais uma meta, desta vez ligada à superação da dificuldade. Nisso, também, parece viver em um mundo que criou e moldou a seu feitio, pois estabelece limites e objetivos para sua ação, colocando-os o mais alto possível. E o faz com calma e frieza impressionantes.

O escorpiano é seletivo na escolha de seus caminhos, suas amizades e de seus relacionamentos. Ele os integra, de forma notável, à sua maneira de reagir a qualquer coisa nova em sua vida: seleciona, analisa, define e depois decide. Mas o faz sob o manto do mesmo mistério que sempre o envolve, solitariamente.

Leal com os amigos e pessoas de quem gosta, é capaz de inimagináveis gestos de desprendimento para defender suas amizades e aqueles aos quais ama. Nesse aspecto, revela também o lado generoso de alguém que mostra em sua aparência uma insensibilidade que é só de fachada. Mas que não se quebrem os laços que o prendem aos amigos, parentes e companheiros. Quando isso acontece sai em busca do ofensor com uma tenacidade que impressiona.

Da mesma forma, o Escorpião típico é a pessoa que sai em campo em defesa daqueles que considera desvalidos da sorte e coloca nisso o seu maior empenho, sua vontade e toda a sua determinação. Esse comportamento faz surgir entre os nativos verdadeiros exemplos de quixotismo que não se enquadram na aspereza e indiferença do mundo de hoje.

Religioso e místico, aplica sobre os dogmas e práticas da religião que escolhe toda a sua curiosidade. Por isso, são muitos os nativos ligados a seitas exóticas e práticas não muito ortodoxas de religiosidade. Quanto mais fechado é o grupo religioso, maior atrativo exerce sobre ele, que se destaca fortemente no misticismo, podendo deixar tudo em busca de um retiro religioso.

Por tudo o que se conhece da sua maneira de ser, é natural que seja dado a manifestações de egocentrismo. O seu mundo gira em torno de si mesmo e ele não admite outras pessoas e interferências. Isso, no entanto, não o faz um egoísta em tudo o que empreende em sua vida, pois está sempre pronto a se dar em favor daqueles que necessitam, desde que convencido disso.

O escorpiano gosta de organizar as coisas à sua maneira e se expressa de uma forma direta e rude. Nunca evita uma ponta de sarcasmo quando isso se oferece. Sabe ser discreto e controlado e suas metas de vida se situam dentro de parâmetros que dizem da eliminação das imperfeições e da glorificação do que é ideal.

Conceitos-chave positivos

Criatividade — A influência de Plutão leva o escorpiano a buscar a criação para se expressar de forma original, com forte exercício do intelecto.

Perspicácia — Um atilado processo mental de dedução, raciocínio e intuição faz do nativo um observador arguto de tudo e todos.

Determinação — Deriva da vontade férrea e do autocontrole do escorpiano, capazes de levá-lo ao mais alto monte em busca de seus objetivos.

Consciência — Vem do caráter lúcido e racional do nativo, que soma a isso sua sensibilidade para demonstrar uma clara visão do mundo e das coisas.

Curiosidade — Comum a todos os nativos de signos da água, ela resulta da necessidade de sua integração e do conhecimento do objeto que eles observam.

Tenacidade — Dom que surge da forma como o escorpiano persegue seus objetivos de vida, com fixação e rigor inigualáveis.

Discrição — Por raramente dar a conhecer o que pensa e o que sente, surge no nativo o cuidado com suas opiniões e valores, que se aplicam a tudo e todos.

Engenhosidade — Dada a sua capacidade de improvisar e criar, o escorpiano atua sempre de forma engenhosa e com objetividade e originalidade impressionantes.

Magnetismo — A personalidade escorpiana mistura razão e emoção, conferindo esse atrativo ao misterioso comportamento de seu nativo.

Integridade e confiabilidade — Os dois elementos derivam do caráter sério, honesto e íntegro do nativo que, mesmo nos piores momentos, mantém a noção de retidão nos seus atos.

Conceitos-chave negativos

Violência — A agressividade escorpiana se manifesta com sua contrariedade, que explode de forma incontrolável, embora esporadicamente.

Indisciplina — Os processos mentais criativos e ágeis do nativo levam-no a recusar normas e regras comuns, fazendo-o pouco preso ao rigor da disciplina.

Possessividade — O nativo tem um sentido de posse que se aplica a coisas e pessoas indistintamente. E isso ocorre com muita intensidade.

Ciúme — Deriva do sentido de posse do escorpiano com relação a coisas e pessoas, com as quais não admite partilha.

Extremismo — Tem o nativo acentuada capacidade de ir a extremos e radicalismos, o que exercita continuamente em sua vida.

Intolerância — Exigente e incapaz de compreender diferenças entre as pessoas, o escorpiano não suporta facilmente erros e defeitos alheios.

Frieza — Seu distanciamento aparente de pessoas e de fatos transmite uma imagem, nem sempre correta, dessa indiferença, considerada frieza.

Destruição — Resulta sempre das ações mais passionais e de ira do nativo, que não se contenta apenas em vencer seu oponente.

Comportamento implacável — Por sua forma de agir, o nativo não deixa chances de reação ao seu oponente nas disputas pela vida. E leva seus atos até o fim.

Vingança — Mágoas e ofensas, o escorpiano as guarda e age racionalmente para compensá-las em momento futuro, calculadamente.

- *Mais que qualquer outra pessoa, você, escorpiano, deve, ao longo de sua vida, empenhar-se para que seu relacionamento com as pessoas se dê de uma forma mais harmônica e menos agressiva. Entender os outros, seu temperamento e as razões pelas quais eles agem é muito importante para evitar que você amplie seu isolamento. Isso, combinado a ações que deixem de lado a sua inflexibilidade, vai abrir-lhe caminhos novos e torná-lo bem mais respeitado pelas pessoas. Da mesma forma, deve sempre controlar a sua possessividade, pois é através da manifestação desse traço de caráter que surge a aura de arrogância que o cerca. Você tem um potencial muito grande para se dar e ajudar, e isso é o que deve transparecer na sua forma de agir.*

  Os exageros de seu comportamento também podem e devem ser moderados em todos os sentidos, desde aqueles à mesa até as formas de agir em situações difíceis. Se colocar em prática o seu racionalismo e sua capacidade analítica,

moderando as atitudes de forma consciente,
obterá com muito maior facilidade o que preten-
de. A paixão, traço dominante de sua forma de
ser e agir, deve sempre ser usada em proveito
próprio e nunca como bravata para impressio-
nar. Afinal, a opinião dos outros pouco lhe im-
porta...

Exercícios escorpianos

- Aprenda a pensar duas, três e até dez vezes antes de agir, evitando sempre a precipitação motivada pelos exageros e pelo passionalismo que você imprime aos seus atos. Ainda que não lhe seja muito fácil, agir dessa forma vai conferir maior grau de acerto a seus atos.
- Não perca tempo com mágoas e com a vontade de vingá-las. Os dissabores, quando absorvidos e transformados em experiência válida para sua vida, são significativos por dar-lhe um somatório ainda maior de dados que você usará para agir no futuro. Use o tempo que perde com o instinto de vingança para criar coisas novas.
- Saiba controlar sua própria força. Lembre-se sempre de que ela, aplicada em excesso, vai destruir muito mais do que construir. E você, muitas vezes, ultrapassa os seus objetivos exatamente por usar de vigor excessivo naquilo que faz.

- Nunca chegue ao extremo de qualquer coisa. Busque o meio-termo exercitando o seu auto-controle, como forma de dominar aquilo em que está empenhado. O exagero faz com que perca a visão do todo e se prenda apenas a um detalhe: o extremo em que se posicionou.

O homem de Escorpião

O caráter do nativo de Escorpião, de forma muito curiosa, liga-se a um dos seus co-regentes planetários, o distante Plutão, um corpo celeste questionado como planeta e que tem o mais lento movimento de translação em torno do Sol: é misterioso lento, insondável e polêmico.

É no reflexo dessa influência planetária, muito mais do que na de Marte, seu outro regente, que se expressa e se mostra o homem do signo. Sentimental e emotivo, é uma pessoa especial que vive pela paixão e faz do entusiasmo uma base de conquista de seus próprios valores e metas.

Esse amante do mistério, determinado e, aparentemente, calmo e tranqüilo, é o mais expressivo de todos os homens que povoam o zodíaco. Sua figura sempre determinada revela um caráter invencível e passional junto a um temperamento controlado e firme, que alia os dois lados desses conceitos, pois é ele um ser bastante racional que convive ao mesmo tempo com uma pessoa toda feita em emoção.

É comum se afirmar que existem dois tipos distintos de escorpianos. Um que é cerebral, racional, objetivo, materialista e contido. O outro seria o oposto deste primeiro exemplar do filho de Plutão: ardente, passional, místico e exuberante.

Na verdade, existem os dois tipos em uma só pessoa. O escorpiano sabe ser contido e efusivo, místico e materialista, racional e emotivo, tudo de uma só vez, dependendo da situação em que se encontre. Este é mais um dos mistérios que envolvem a vida dessa figura extraordinária.

Preocupado em realizar tudo de que necessita para sua vida, dá mostras, facilmente, de toda a sua determinação e persistência. E o faz com tal profundidade que confunde as pessoas que se valem apenas de sua fria aparência exterior. O senso de responsabilidade natural em quem nasce no signo do Escorpião é a única coisa que ele deixa transparecer em sua face e seu modo de agir.

Dotado de um enorme magnetismo pessoal, tem o temperamento apaixonado e o demonstra em tudo o que se empenha. Jamais é apenas um frio e distante observador da cena ao seu redor. Em tudo está presente, colocando seu entusiasmo ao lado do mais fraco, do carente e daquele que sofre.

E não se mantém afastado diante de injustiças que o mundo reserva ao ser humano. Apesar disso, o homem do signo tem a tendência de esconder seus sentimentos e se mostrar avesso a manifestações que considera sentimentalismo barato.

Guarda profunda intolerância para com os defeitos e falhas das pessoas, mostrando, quando confrontado com um desses casos, uma intolerância brutal. Ele não consegue entender como alguém pode cometer erros que ele próprio, escorpiano, jamais cometeria.

É difícil para o nativo entender as diferenças entre as pessoas. Por isso, torna-se intransigente e exigente. Avesso a críticas, fechado ao diálogo, desdenha dos sonhos de outras pessoas. Mais que isso, em relação aos ideais alheios, por tê-los em pequena dose, faz pouco caso de todo o idealista, mesmo daqueles sinceros. Para ele, tais pessoas esperam que tudo lhes caia do céu.

A determinação que impõe ao seu modo de ser faz com que o nativo não aceite também a apatia alheia em relação às adversidades da vida.

Em momentos de ira, o homem do signo parte fácil para a destruição e isso se liga à imagem do artrópode que o simboliza, o escorpião que, mesmo sem provocação ou ameaça, ataca mortalmente o seu agressor.

A mulher de Escorpião

Um ser misterioso, cheio de charme, atraente e que será sempre a apaixonada do zodíaco. Assim é a mulher de Escorpião, aquela que, unindo todas as características passionais de seu signo, sabe ser a dona do desejo, da paixão e do sexo.

Tudo isso temperado em uma pessoa extraordinária, com o mistério de alguém que é profundamente frustrada por não haver nascido homem, como transparece sempre em suas ações, que são as de mulher bem especial, forte, dominadora, ciumenta e poderosa.

Fascinante, dotada de um sentido de sedução e de sensualidade que não tem igual, ela luta a vida toda para eliminar o que considera a redução de sua liberdade e restrições que o mundo ainda faz à mulher. Nesse sentido, guarda a mágoa de não ser plena e totalmente dona de si, fazendo com que se manifeste o seu desejo de ser do sexo oposto. Mas o faz de uma forma tão femininamente gentil que encanta a todos os que a cercam.

A nativa do signo reúne, em sua maneira de ser, a capacidade comum a todos os escorpianos de mostrar um lado racional e outro emocional, alternando sua maneira de agir entre um e outro, de uma maneira muito especial que segue os rumos, objetivos e conceitos que só ela conhece.

Desdenhosa para com a moda, distante dos recursos artificiais de sedução, se faz a própria deusa do amor, quando empenhada em uma conquista. E vai ao cume da mais alta montanha quando se decide por conquistar ou impressionar alguém.

Determinada e persistente, ela passa pela vida deixando as marcas de uma personalidade muito forte, generosa com os que dela dependem, excelente esposa e mãe e, mais que isso, capaz de realizar prodígios de alegria e contentamento apenas pelo fato de existir.

A escorpiana é, ao mesmo tempo, o menino travesso que ri da bola que quebra a vidraça do vizinho, a fêmea fatal dos mais eróticos filmes de amor, a companheira mais aguerrida na defesa daquele a quem ama e a adolescente despreocupada, gastando a rodo em um *shopping*.

Para quem tem uma rara percepção, como a escorpiana, não há nada na vida que não seja passível de conquista. E, por isso, ocupa espaços importantes na carreira do namorado, do marido e até dos filhos, participando de tudo que pode levá-los, ou a si própria, a se destacar na comunidade. Leal e possessiva, sempre fala em "nós" quando se refere à sua família, um núcleo de pessoas das quais assume plena posse e propriedade.

Reservada, sob sua aparência desligada do que ocorre à sua volta, está interiormente integrada a seu meio e isso também se mostra em relação a seus sentimentos. Raramente os demonstra em sua plenitude, guardando, só para si, muito do que sente e pensa.

A escorpiana jamais é uma pessoa indiferente diante do mundo. Seu modo de ver as coisas varia da admiração e do amor exagerados à repulsa clara e direta, sem meios-termos. E toma partido contra ou a favor, com uma facilidade enorme. Nos relacionamentos, externa bem esse tipo de postura diante do mundo: ou ama perdidamente ou despreza com rancor e ódio notáveis.

Inclinada ao misticismo, curiosa ao extremo, controlada e metódica, tem forte sede de conhecimento e experimenta de tudo para simplesmente saber e conhecer. Nessa procura, deixa saber que detesta a fraqueza, pois, apesar de ser maternal e protetora com os desvalidos, é muito individualista e coloca sempre em primeiro lugar os seus próprios interesses.

Ama seu lar e muda com facilidade. É imprevisível em gastos e será uma comprista furiosa se tiver recursos para tanto. Possessiva, odeia quando exercem sobre ela qualquer forma de controle, e o demonstra de forma clara, sem deixar dúvidas quanto à sua insatisfação. Mostra sempre uma enorme paixão pela vida.

O amor e o sexo em Escorpião

Para os nativos do signo do sexo, da paixão e da emoção, o sentido da relação entre duas pessoas assume responsabilidade e importância que não têm para nenhum dos outros signos do zodíaco, tamanho o significado da sexualidade para a escorpiana e o escorpiano.

Ao contrário de outros que vêem no sexo e no amor uma forma de reprodução e simples prazer físico, para eles, mais que tudo, a vida se expressa em amor e sexo levados a sério como sentimentos essenciais à existência humana.

Dotados de raro encanto e uma capacidade de atração física incomum, os escorpianos tratam o amor com uma significação própria, levando-o a extremos de querer e ódio, de ciúme e possessividade, como fazem com tudo aquilo que lhes interessa na vida.

Os nativos do signo jogam, em termos de amor e de sexo, com sua capacidade de fazer de seu corpo um elemento de atração irresistível. O homem do signo sabe ser viril e atraente, na mesma medida em que a mulher escorpiana se revela feminina e terna como ninguém.

Mas, em toda essa marcante presença nas coisas do coração e da atração física, eles elevam o relacionamento a um grau de comprometimento muito alto, valorizando o lar, o casamento, os filhos e a família de maneira muito especial. E isso o fazem numa aura que lhes exige sempre a troca em termos afetivos.

Os escorpianos típicos necessitam dessa seriedade no sexo e no amor como do ar que respiram. A falta de amor lhes tira o ânimo e a disposição e os torna amargos e tristes, até que rompam com a situação anterior e partam em busca de novos caminhos, novos amores.

Uma das características mais típicas dos nativos do signo é a retribuição do afeto. Na mesma proporção em que se dá, Escorpião exige a recíproca, embora se envolva também nesse domínio que exerce sobre os seus parceiros.

Domínio, por sinal, é uma das condições que o

escorpiano ou a escorpiana, instintivamente, impõem para o sucesso de seus relacionamentos. Na maioria das vezes, o escorpiano típico se dá bem com uma pessoa mais dócil e que aceita seu controle sem se insurgir, ainda que negue eternamente não pretender dominar ninguém. Mas isso faz parte da própria índole do signo e é inafastável de seu caráter.

Intransigentes e rigorosos, levam para suas relações afetivas a sua maneira de ser. Raramente se abrem por inteiro e deixam sempre no ar uma aura de mistério que encanta alguns e assusta outros.

Na vida a dois, são o amante rigoroso ou a amante exigente que não deixam passar em branco uma data, dão flores e querem mudanças constantes. Por isso, a vida com os escorpianos é de intensa movimentação, pois eles valorizam bastante a intimidade e a privacidade.

Seu gênio briguento os faz passar por muitos momentos de choques e desavenças na relação amorosa. Mas, poucas vezes, eles trilham caminhos sem volta. Na maioria dos casos, a briga ou a desavença de amor acontece apenas pela briga, pelo prazer da disputa, cessando com ardorosos momentos de amor.

E, por isso, a mulher e o homem de Escorpião fazem tudo para transformar o amor em relacionamento mais duradouro e que lhes dê o retorno que esperam em termos de afetividade.

As combinações de Escorpião no amor

Quais são os signos mais compatíveis entre si? A pergunta que mais se faz quando se trata de astrologia poderia ter uma resposta simples e direta: todos os signos têm elementos compatíveis, e todos nós, seres humanos, temos, em nosso mapa astral, elementos de outros signos.

Apesar disso, existem algumas pequenas diferenças que, no relacionamento amoroso, assumem caráter maior ou menor, dependendo da forma como reagimos aos fatos. Muitas vezes, a agressividade de um é bem recebida pelo outro parceiro, enquanto, em outra situação, um dos parceiros poderá reagir duramente a esse mesmo elemento.

No caso de Escorpião, o primeiro ponto a se levar em conta é a compatibilidade de elementos. Se os nativos que buscam a convivência tiverem predominância de elementos compatíveis em seus signos solar, ascendente e lunar, terão maior chance de conviver bem. Assim, valem as equações: água + água + água ou água + água + terra ou ainda água + terra + terra. Por elas, há uma chance bem maior de acerto no relacionamento afetivo.

Escorpião + Áries Uma combinação que tem signos com o mesmo regente, Marte, só pode levar a conflitos que serão inevitáveis diante do mandonismo arietino e da possessividade escorpiana. Ambos podem viver uma grande paixão, mas dificilmente comporão o casal perfeito, o par completo e, por isso, nunca terão um grande amor para toda a vida. Fisicamente, são excelentes parceiros, principalmente se for ele de Escorpião.

Escorpião + Touro A combinação de um signo com o seu oposto, em termos afetivos e físicos, quase sempre é positiva. E isso acontece com escorpianos e taurinos, quando o relacionamento se dá sobre bases sólidas de afeto e respeito mútuo. Os problemas, neste caso, surgem com a superficialidade da relação e a mera paixão. Taurino e escorpiano devem trabalhar o amor com vagar e determinação, somando interesses e afastando diferenças.

Escorpião + Gêmeos Os dois têm temperamentos que se completam numa relação de caráter social. Na vida prática da rotina com negócios ou trato comum, o racionalismo geminiano completa o caráter instintivo do escorpiano. No campo afetivo, isso se complica com o ciúme do nativo do signo que jamais vai tolerar a sociabilidade excessiva de Gêmeos. Isso tende a afastá-los, ainda que mantenham um excelente relacionamento social.

Escorpião + Câncer Os dois pertencem ao mesmo elemento e se completam em interesses e objetivos. A determinação escorpiana dá sentido à vida canceriana, embora seu egocentrismo se manifeste e crie problemas entre os dois. Mas, em tudo o que mostram por seus temperamentos, há boas condições para que se relacionem e disso surja uma união firme e duradoura. Câncer dá a Escorpião o sentido de família e domesticidade de que este tanto carece.

Escorpião + Leão A combinação entre dois signos determinados a se impor diante da vida pode levar a um relacionamento em que o conflito não será elemento estranho, até porque faz parte da forma de ser de ambos. Mas, em todos os sentidos, será sempre uma relação compensadora, cheia de movimentação e de novidades, capaz de se eternizar pelos objetivos comuns que tenham. Depende, para sua permanência, da vontade de cada um dos dois.

Escorpião + Virgem O racionalismo de Virgem completa o senso intuitivo e instintivo de Escorpião. E, se superarem a irritabilidade provocada pelo ciúme e pela crítica de um lado e de outro, terão condições de estabelecer uma boa relação afetiva. Quando os dois têm objetivos de vida que se completam, podem estabelecer um relacionamento mais firme e seguro, desde que evitem o confronto, a picuinha sem sentido e a crítica desnecessária.

Escorpião + Libra É a relação que une a necessidade de firmeza de que carece Libra à fonte segura de ação e determinação que emana de Escorpião. Embora de elementos distintos e antagônicos, tais nativos se completam e só se arreliam diante do autoritarismo excessivo de Escorpião e do conformismo fatalista do libriano ou da libriana. A melhor relação se dá quando o homem é de Escorpião.

Escorpião + Escorpião Uma combinação literalmente explosiva, especialmente em relação ao sexo. Os dois, com os mesmos interesses, vontade, egocentrismo e determinação, fazem do relacionamento um acontecimento que marca qualquer vida. São exuberantes no querer, ambiciosos no ver o amanhã, livres para criar e mudar e, por isso mesmo, intensos na paixão, no querer e no desamor. O risco é o tédio com personalidades tão previsíveis.

Escorpião + Sagitário Como acontece com signos de elementos distintos e próximos no zodíaco, a relação, neste caso, tende a ser conflituosa e complicada. Escorpião tolhe a necessidade de liberdade sagitariana, gerando desacertos e mágoas. Dificilmente Sagitário se submete e isso acaba por criar uma aura de desconfiança, ciúme e competição que não é favorável ao amor, embora se dêem bem sexualmente ou nos negócios.

Escorpião + Capricórnio Neste relacionamento, o temperamento rigoroso e exigente de Capricórnio completa a vida desordenada do criador e inova-

ESCORPIÃO – COLEÇÃO VOCÊ E SEU SIGNO ♏ 129

dor escorpiano. Os dois têm condições de se relacionar positivamente e criar uma relação de querer e desejo que os prenderá por toda uma vida. Mas ambos têm que ter a disposição para fazer do amor e do sexo um elemento constante e importante em suas vidas, superando o rigor mútuo diante da vida.

Escorpião + Aquário Nesta combinação, um relacionamento afetivo terá que se moldar ao temperamento tão diferenciado entre ambos, embora o criador e inovador escorpiano tenha quase os mesmos objetivos de Aquário. Será necessário ao aquariano, no entanto, moderar sempre sua sociabilidade, que pode gerar ciúme e incompreensão no possessivo Escorpião. A originalidade desta relação é um fator que encanta e prende o escorpiano. São bem compatíveis no sexo.

Escorpião + Peixes Os nativos desses dois signos contam com o mesmo elemento, a água, e uma complementação de caráter e temperamento que pode proporcionar uma relação mais duradoura. Mas, para isso, Escorpião terá que desdobrar-se na aceitação da passividade pisciana. É o típico relacionamento em que ambos devem ceder para buscar objetivos comuns. O senso místico e a noção do mundo os unirá mais que a atração física.

A saúde e o escorpiano

Regendo os órgãos da reprodução e quase todos os que se situam na parte baixa do tórax, Escorpião tem relação direta com ovários, trompas, útero, testículos, próstata, cólon, bexiga, reto e intestinos, áreas onde se manifestam os maiores males nos nativos.

São comuns os problemas de disfunções no sistema urinário entre os filhos de Escorpião. Eles se ressentem também, no caso dos homens, de forte tendência a males da próstata. As mulheres são mais sujeitas a problemas no ovário e útero.

Resistentes fisicamente às doenças, os escorpianos mostram, em geral, um corpo forte e saudável, com bom funcionamento dos órgãos até a idade mais avançada. Se entender necessário, o escorpiano se dá a exercícios de grande exigência, o que o faz bom praticante do fisiculturismo.

São capazes de consideráveis esforços e mostram,

ESCORPIÃO – COLEÇÃO VOCÊ E SEU SIGNO ♏ 131

quando exigidos, uma resistência incomum ao desgaste. Os atletas nativos do signo apresentam uma grande capacidade de recuperação, embora, costumeiramente, sejam dados a exageros de reações e violentos na sua prática. Sexualmente, são exuberantes e muito ativos.

Um dos mais sérios problemas com que se debate o nativo é a sua incapacidade de se poupar dos desgastes do cotidiano e da forte exigência física dos dias de hoje, estressantes e de intensa movimentação. Os escorpianos, quando podem, escapam de momentos de lazer, que consideram pura perda de tempo.

São sujeitos a hemorróidas, e com pouco tempo para se refazer do dispêndio de energia, assumem um comportamento que pode gerar, com facilidade, casos de esgotamento físico e nervoso. No entanto, não são dados a somatizar problemas.

Na fitoterapia, encontram bons elementos em plantas comuns como a babosa (*Aloes humilis*) que, em suco, é indicada para o tratamento das hemorróidas, assim como são a infusão de folhas de erva-de-bicho (Persicária ou *Polygonum hyrdropiper*) e os banhos com a decocção das folhas do pau-d'alho (*Seguiera alliacea*).

Para os males da bexiga, são recomendados o chá das folhas secas do pessegueiro (*Prunus persica*) e o uso intensivo do abacaxi (*Ananas sativus*), em suco puro, em jejum. O limão (*Citrus médica*), de tantas indicações, ingerido diariamente, é excelente para refazer as forças do nativo. Seu sal mineral é o sulfato de cálcio.

O trabalho escorpiano

Escorpião governa no zodíaco os negócios relacionados às instituições financeiras — entre as quais os bancos — as artes da guerra e a pesquisa médica e científica. Pela sua criatividade e inventividade naturais, seus nativos se dão bem em todo trabalho que lhes exija criação e continuidade, sensibilidade e mobilidade.

Férteis em idéias, o que lhes impulsiona à ação, curiosos e interessados por processos de mudança que se liguem à pesquisa e ao aprofundamento do conhecimento, os escorpianos assumem responsabilidades e são capazes de exercer funções de alto grau de exigência física e mental.

Dotados de grande visão e forte intuição, tornam-se bons estrategistas e planejadores, capazes de elaborar sofisticados movimentos naquilo de que se ocupam, embora não tenham habitualmente muita queda para o comércio

As desgastantes rotinas do compra-vende-compra não se encaixam com facilidade no perfil exigente e correto dos nativos. Neste campo, eles logo se insurgem contra os processos nem sempre recomendáveis de negociação, submissão e bajulação. Sua franqueza os afasta dos balcões.

Mercúrio rege para os nativos de Escorpião os processos mentais que definem os seus rumos em trabalhos ou na profissão. Marte governa a aplicação da energia nesse campo e Vênus controla os aspectos financeiros.

Essa combinação planetária nos diz que os nativos buscam sempre atividades de forte exigência e que os mantenham ocupados por muito tempo, numa representação prática diária de desafios a superar.

Nas suas atividades, os escorpianos habitualmente estão totalmente ligados ao que fazem. Isso dificulta, muitas vezes que tenham um amplo e bom período de descanso, pois se mantêm presos às responsabilidades que assumem ao longo de um dia de trabalho, por horas e horas após o expediente, especialmente se a tarefa é de caráter mental.

O dinheiro obtido com sua atividade tem uma importância significativa e eles nunca admitem trabalhar sem a necessária retribuição. Isso é conseqüência e reflexo de sua exigência de sempre dar e receber.

Por pretenderem a tranqüilidade e a estabilidade financeira em suas vidas, são econômicos e parcimoniosos. Mas, se dispõem de recursos, em alguns casos, tendem ao consumismo exagerado.

A disciplina e a ordem têm forte atrativo sobre os nativos do signo, atraindo-os, muitas vezes a carreiras que tenham processos hierarquizados bem definidos. Chegam até mesmo a se sentir fascinados pela vida militar, na qual o que os bloqueia é a limitação de poder, uma vez que lutam sempre por ter ocupações que os satisfaçam interiormente, lhes garanta boa remuneração e a possibilidade de exercer alguma forma de poder.

Criativos e imaginativos, não se importam muito com o ambiente em que desenvolvem suas funções e têm excelente poder de concentração. Gostam de trabalhos variados, dando-se bem naqueles que lhes permitam exercitar a iniciativa ou tenham processos operacionais mutáveis e resultem em alguma coisa de palpável.

Exercem bem os cargos de chefia, embora possam, por exageros, descambar para a tirania e a arbitrariedade.

FATORES DE COMPENSAÇÃO PROFISSIONAL

- Funções que permitam ao nativo dar vazão ao seu senso criativo e à sua inventividade.
- Ocupação que mostre resultados práticos com freqüência e que dê espaço a uma avaliação de desempenho constante.
- Cargos e funções que não limitem o crescimento profissional, tornando-lhe possível galgar postos mais altos com progressão hierárquica.
- Trabalho em que possa aplicar seus conceitos de determinação e fixação, com a busca de objetivos claros.

ESCORPIÃO – COLEÇÃO VOCÊ E SEU SIGNO ♏ 135

- Rotina movimentada, sem excessiva imobilidade ou que tenha constante inovação nos seus procedimentos.

CAMPOS PROFISSIONAIS MAIS INDICADOS

Sexologia, medicina e cirurgia abdominal, psicanálise, odontologia, parapsicologia, antropologia, magistratura, engenharia mecânica, carreiras bancárias, consultoria e análise financeira, crítica, química, antigüidades, farmácia, mergulho, marinha mercante e de guerra, pilotagem.

Os muitos signos nos decanatos de Escorpião

A divisão do signo de Escorpião em três decanatos distintos, como acontece com os demais signos, nos dá tipos diferenciados de nativo. No primeiro deles, há uma influência determinante do signo anterior, Libra. Os nascidos no segundo decanato revelam um temperamento típico e puro do signo. Finalmente, os do terceiro decanato absorvem a influência do signo seguinte, Sagitário, e mesclam características deste signo e de seu próprio, Escorpião.

TIPO ESCORPIÃO-LIBRA — DE 23 DE OUTUBRO A 1º DE NOVEMBRO

Regência Plutão-Marte ♇ ♂ Para aquele que nasce entre 23 de outubro e 1º de novembro, a associação entre seu signo solar natal e os elementos escorpianos do primeiro decanato resulta em var tagens.

Este nativo soma a exuberância do signo da emoção, o seu signo, ao equilíbrio libriano, tornando-se mais reflexivo que seus companheiros de zodíaco. A busca por um sonho, ou uma aspiração, é acentuada pelo idealismo libriano, levando o nativo deste período a eleger prioridades e metas bem ambiciosas e que, não raro, têm muito a ver com o conforto e o luxo. Se consegue manter sua determinação escorpiana, transforma-se em um vencedor. Caso contrário, frustra-se e reage contra outras pessoas.

A sua entrega a tudo o que faz é total, especialmente no que diz de amor e sexo. Nesse aspecto, o romantismo e a dedicação afloram de forma notável e o escorpiano vive em cada relacionamento o grande amor de sua vida.

O grande problema que o nativo desta fase enfrenta em sua vida é a constância que lhe falta em momentos decisivos, levando-o a um quadro de autopiedade e comiseração que não é positivo. Mas, em tudo e por tudo, ele soma dotes de equilíbrio libriano ao vigor

ESCORPIÃO – COLEÇÃO VOCÊ E SEU SIGNO ♏ 137

criativo de Escorpião, tornando-se, assim, um vencedor nato.

TIPO ESCORPIÃO-PURO — DE 2 A 11 DE NOVEMBRO

Regência Plutão-Saturno ♇ ♄ Uma pessoa consciente de tudo de sua vida e ao seu redor, determinada e realizadora e que molda tudo isso com dotes de empenho emocional e paixão. Este é o perfil do escorpiano que nasce entre 2 e 11 de novembro.

O tipo puro de Escorpião congrega todos os elementos mais distintivos desse signo da água que teve, ao longo de muitos séculos, somente o planeta Marte a governá-lo. Por isso, é um vulcão em defesa de seus conceitos, mesclando o fogo determinado de quem acredita em tudo o que faz à violência dos elementos descontrolados, se contrariado injustamente.

Essa reação que tanto distingue o nativo do segundo decanato do signo é canalizada, em outro sentido, para a vida sexual, em que expressa a criação e o ato de criar. É ciumento de seus relacionamentos, o que revela seu lado possessivo muito acentuado.

Não esquece jamais uma ofensa ou um agravo e se torna intolerante quando não gosta de alguém. No entanto, mostra vivacidade e inteligência que o conduzem ao êxito quando determinado a obtê-lo.

138 MAX KLIM

A teimosia pode lhe ser muito útil quando, diante de situações que exijam constância, vai direto ao centro das questões e vê, como ninguém, os pontos fracos de adversários e competidores, deles se aproveitando com rara maestria.

É um ser dominante.

TIPO ESCORPIÃO-SAGITÁRIO — DE 12 A 21 DE NOVEMBRO

Regência Plutão-Vênus ♇ ♀ Junte-se à ânsia pela liberdade uma forte determinação para obter o que se deseja. Isso, na composição de signos por decanato, faz o tipo básico do nativo do terceiro decanato de Escorpião, aquele que nasce entre 12 e 21 de novembro. É alguém que sabe aliar o sentido de posse natural de seu signo com a intuição e a busca da liberdade comuns em Sagitário.

A capacidade investigativa é exagerada no nativo deste decanato e ele a aplica, por vezes, em doutrinas estranhas, credos diferentes e crenças as mais incomuns. É místico e, quando se dá a religião, o faz com o fogo, regente do signo que o influencia neste decanato.

Nele, a violência é atenuada, mas não deixa de lado um sentido crítico que o torna agressivo em determinadas situações. Habitualmente, não poupa avaliações depreciativas se as julgar corretas. Muito reservado em relação aos seus sentimentos, pouco se prende a relacionamentos que possam ameaçar sua liberdade ou a quem tenta dominá-lo.

O sarcasmo que pontua as ações do escorpiano é reduzido pelo senso de justiça e a honestidade sagitarianos. A necessidade de se dedicar a alguma coisa o torna um obsessivo trabalhador, quando ele supera as limitações e a atração que a natureza e o exótico exercem sobre seu temperamento.

É a águia em forma de ser humano.

Capítulo 4

O Temperamento

O ascendente revela os seus segredos

O que, para os leigos, é um intrigante "signo ascendente", para os mais versados em astrologia é um dos principais elementos da análise de características de uma pessoa. Aos poucos, esse dado vai ganhando importância muito grande para os que se interessam pelo estudo da influência astral sobre o ser humano, na mesma medida de sua significação para os especialistas na matéria.

Signo do "eu" real, do temperamento que temos em nossa vida adulta, o ascendente é determinado pelo planeta que se elevava no céu — daí seu nome, ascendente — na hora exata do nascimento de uma pessoa.

Primeira casa do mapa zodiacal pessoal do ser humano, o ascendente é calculado com base no exato instante do nascimento, quando o ser humano, ao vir à luz, inspira pela primeira vez e toma contato, pelo oxigênio que lhe infla os pulmões, com o mundo a sua volta, desligando-se do útero materno.

Isso mostra a importância de se descobrir o momento mais exato em que tal fato ocorreu. Para entender melhor a noção de signo ascendente, devemos

144 MAX KLIM

ter em conta que, em seu movimento de rotação, a Terra percorre ao longo das 24 horas do dia os 12 signos do zodíaco e, a cada duas horas aproximadamente, ocorre a mudança do signo que sobe no chamado "horizonte oriental", onde nasce o Sol.

A presença desse signo em nosso mapa de características determina a base de todo mapa astral, por simbolizar o "eu" real, instintivo, oculto e determinante de nossos impulsos e motivações interiores.

É o nosso temperamento, a forma real de nos comportarmos e aquela que a cultura oriental classifica de "personalidade do coração". Se o nosso signo solar revela nossa individualidade, a nossa forma inconsciente de ser é determinada exatamente por esse signo complementar, o ascendente.

É a combinação desses dois signos que faz da pessoa uma individualidade distinta e mostra que, mesmo nascendo em um mesmo signo, duas ou mais pessoas serão em sua vida bem diferentes ao somarem elementos distintos de suas características.

Com base nesse estudo e na determinação do signo que rege a personalidade interior da pessoa, vamos ter alguns dados que complementam a análise sobre nossa maneira de ser e reagir diante do mundo.

Cláudia Hollander, um dos maiores nomes da astrologia na América Latina, afirma que "o ascendente, ou casa um, é a constituição física, o caráter e o temperamento fundamental" de uma pessoa. E afirma ainda que o nosso signo solar, este que todos conhecemos e que nos é dado pelo dia e mês do nas-

ESCORPIÃO – COLEÇÃO VOCÊ E SEU SIGNO ♏ 145

cimento, "é o nosso eu manifesto, nossa vontade consciente e assumida, mas as motivações mais profundas e inconscientes, impulso básico da personalidade", estão no ascendente que se associa ao momento da vinda da pessoa à vida extracorpórea no exato instante em que nascemos e começamos a respirar com força própria.

Por isso, determinar corretamente o ascendente é muito importante em qualquer estudo sobre nossas características e forma de usá-las em proveito de nosso cotidiano.

Como calcular o ascendente

Para encontrar o signo ascendente, é preciso que se conheça, da forma mais exata possível, o momento do nascimento. De posse da hora e minuto, dia, mês e ano, como primeiro passo, deve-se verificar na Tabela 1 se nesse período vigorava o horário de verão para a cidade onde ocorreu o nascimento. Nesta tabela, estão listados os locais e ocasiões em que, no Brasil, os relógios foram adiantados em uma hora.

Se o nascimento se deu em um dos períodos de vigência do horário de verão, a pessoa deve, como primeiro cuidado, proceder à subtração de uma hora no horário de nascimento que consta em seus documentos.

Assim, por exemplo, se uma pessoa nasceu na região Sudeste, no dia 2 de fevereiro de 1965, às

18h30, quando vigorava o horário de verão, todo o cálculo do Ascendente deverá ser feito com a subtração inicial de uma hora no horário registrado na certidão de nascimento ou de batismo. Assim, o horário real para o local de nascimento da pessoa deste exemplo será 17h30.

Feito o ajuste quanto ao horário de verão, deverão ser seguidos os seguintes passos para se encontrar o momento em que foi determinado o ascendente.

1º passo — Uma vez conhecidos o horário real e o local onde a pessoa nasceu, é preciso determinar a "hora local" do nascimento, um procedimento simples, que indicará, com as correções em minutos para aquele ponto específico do país, a hora-base de todo o cálculo. Para isso, utiliza-se a Tabela 2, em que figuram a correção e a latitude em graus das capitais dos estados brasileiros. Para encontrar a hora local de nascimento, primeiramente deve ser feita a correção da hora real e local, somando ou subtraindo o tempo indicado nessa tabela.

Para o exemplo indicado de pessoa que nasceu às 17h30 do dia 2 de fevereiro de 1965, na cidade do Rio de Janeiro, deverão ser somados, como mostra a Tabela 2, mais sete minutos a esse horário. Dessa forma, obtém-se a hora local de 17h37.

2º passo — De posse da hora local de nascimento, ou seja, 17h37 no exemplo dado, deve-se somar esse número ao da "hora sideral" que se encontra na Tabela 3, para cada dia e mês do nascimento. Para isso,

ESCORPIÃO – COLEÇÃO VOCÊ E SEU SIGNO ♏ 147

basta cruzar o dia do mês (localizado na coluna vertical à esquerda) com o mês do nascimento (localizado na coluna horizontal à direita). Dessa forma, obtém-se o horário específico, chamado hora sideral. Portanto, no exemplo dado, a hora sideral será 20h49.

Em seguida, deve-se determinar a "hora sideral individual". Nesse caso, soma-se a hora sideral (encontrada na Tabela 3) com a hora local (encontrada no primeiro passo com a Tabela 2). Para o exemplo dado, deve-se, então, somar 20h49 (hora sideral) com 17h37 (hora local). Assim, o resultado obtido é de 37h86.

Convertendo-se os 86 minutos em hora, chega-se ao resultado de 38h26. Como esse número é superior às 24 horas do dia, é preciso subtrair dele 24 horas, o que determina a hora sideral individual de 14h26.

Esse é o horário que vai determinar o ascendente e é a hora sideral individual de nascimento da pessoa do exemplo. Se o número encontrado na soma da hora local com a hora sideral da Tabela 3 fosse inferior a 24 horas, não haveria a subtração de 24 horas e se passaria direto ao cálculo do ascendente, como explicado no passo seguinte.

3º passo — Conhecida a hora sideral individual de nascimento, deve-se voltar à Tabela 2 para que seja encontrado o grau de latitude sul que vale para o local de nascimento. Nessa tabela, estão indicados os graus de latitude de cada uma das capitais brasileiras.

No exemplo dado, a pessoa nasceu no Rio de Ja-

148 MAX KLIM

neiro, cidade que se situa a 23 graus de latitude sul. Na Tabela 4, estão relacionados, na parte superior, os graus diferentes que prevalecem em nosso cálculo.

Determinado o grau mais próximo daquele da cidade em que a pessoa nasceu, deve-se percorrer a Tabela 4, de cima para baixo, na coluna desse grau, até se encontrar a hora sideral individual do nascimento.

À esquerda na tabela, figura o signo ascendente. No exemplo dado, para a pessoa que nasceu no Rio de Janeiro (23 graus) e tem a hora sideral de 14h26 o signo ascendente é Câncer, que prevalecia para o Rio de Janeiro, entre 13h10 e 14h39.

Tabela 1 — Horário de Verão

Períodos em que foi adotado no Brasil o horário de verão, de acordo com os decretos do governo federal que mudam a hora legal em diversas regiões.

03.10.1931 às 11h até 31.03.1932 às 24h	15.10.1989 à 00h até 10.02.1990 às 24h[4]
03.10.1932 à 00h até 31.03.1933 às 24h	21.10.1990 à 00h até 17.02.1991 às 24h[5]
01.12.1949 à 00h até 15.04.1950 às 24h	20.10.1991 à 00h até 09.02.1992 às 24h[5]
01.12.1950 à 00h até 31.03.1951 às 24h	25.10.1992 à 00h até 30.01.1993 às 24h[5]
01.12.1951 à 00h até 31.03.1952 às 24h	17.10.1993 à 00h até 19.02.1994 às 24h[6]
01.12.1952 à 00h até 28.02.1953 às 24h	16.10.1994 à 00h até 18.02.1995 às 24h[5]
23.10.1963 à 00h até 01.03.1964 às 24h[1]	15.10.1995 à 00h até 10.02.1996 às 24h[7]
09.12.1963 à 00h até 01.03.1964 à 00h[2]	06.10.1996 à 00h até 15.02.1997 às 24h[8]
31.01.1965 à 00h até 31.03.1965 às 24h	06.10.1997 à 00h até 01.03.1998 à 00h[8]
01.12.1965 à 00h até 31.03.1966 à 00h	11.10.1998 à 00h até 20.01.1999 às 24h[8]
01.11.1966 à 00h até 28.02.1967 às 24h	03.10.1999 à 00h até 26.02.2000 às 24h[8]
01.11.1967 à 00h até 29.02.1968 às 24h	08.10.2000 à 00h até 17.02.2001 às 24h[9]
02.11.1985 à 00h até 14.03.1986 às 24h	14.10.2001 à 00h até 16.02.2002 às 24h[10]
25.10.1986 à 00h até 13.02.1987 às 24h	03.11.2002 à 00h até 16.02.2003 às 24h[11]
25.10.1987 à 00h até 06.02.1988 às 24h	19.10.2003 à 00h até 14.02.2004 às 24h[12]
16.10.1988 à 00h até 28.01.1989 às 24h[3]	

[1] O horário de verão foi decretado apenas para SP, RJ, MG e ES.
[2] Válido em todo o território nacional.
[3] Todo o país, exceto os estados do AC, AM, PA, RR, RO e AP.
[4] Regiões Sul, Sudeste, Centro-Oeste, Nordeste, no estado de TO e nas ilhas oceânicas.
[5] Válido nos estados de SC, RS, PR, SP, RJ, ES, MG, GO, MS, BA, MT e no DF.
[6] Regiões Sul, Sudeste, Centro-Oeste, nos estados da BA, AM e no DF.
[7] Regiões Sul, Sudeste, Centro-Oeste, nos estados da BA, SE, AL e TO.
[8] Válido nos estados de RS, SC, PR, SP, RJ, ES, MG, BA, GO, MT, MS, TO e no DF.
[9] Válido nos estados de RS, SC, PR, SP, RJ, ES, MG, GO, MT, MS, TO, BA, SE, AL, PE, PB, RN, CE, PI, MA e no DF.
[10] Válido nos estados de RS, SC, PR, SP, RJ, ES, MG, GO, MT, MS, TO, BA, SE, AL, PE, PB, RN, CE, PI, MA e no DF.
[11] Válido nos estados de RS, SC, PR, SP, MG, RJ, ES, MS, MT, GO, DF, TO e BA.
[12] Válido nos estados de RS, SC, PR, SP, MG, RJ, ES, MS, GO e no DF.

Tabela 2 — Correção Horária e Latitudes em Graus das Capitais Brasileiras

Cidade	Correção horária	Latitude
Aracaju (SE)	+ 32 min	10º
Belém (PA)	− 14 min	2º
Belo Horizonte (MG)	+ 4 min	19º
Boa Vista (RR)	− 3 min Norte	3º Norte
Brasília (DF)	− 12 min	15º
Cuiabá (MT)	+ 16 min	15º
Curitiba (PR)	− 17 min	25º
Florianópolis (SC)	− 14 min	28º
Fortaleza (CE)	+ 26 min	3º
Goiânia (GO)	− 17 min	16º
João Pessoa (PB)	+ 40 min	7º
Macapá (AP)	− 24 min	0º Equador
Maceió (AL)	+ 37 min	9º
Manaus (AM)	00 min	3º
Natal (RN)	+ 39 min	5º
Palmas (TO)	− 17 min	11º
Porto Alegre (RS)	− 25 min	30º
Porto Velho (RO)	− 16 min	9º
Recife (PE)	+ 40 min	8º
Rio Branco (AC)	+ 29 min	10º
Rio de Janeiro (RJ)	+ 7 min	23º
Salvador (BA)	+ 26 min	13º
São Luís (MA)	+ 3 min	3º
São Paulo (SP)	− 6 min	23º
Teresina (PI)	+ 9 min	5º
Vitória (ES)	+ 19 min	20º

Tabela 3 — Hora Sideral

DIA	JAN	FEV	MAR	ABR	MAI	JUN	JUL	AGO	SET	OUT	NOV	DEZ
1	18h42	20h45	22h39	0h41	2h39	4h42	6h36	8h38	10h40	12h40	14h41	16h40
2	18h46	20h49	22h43	0h45	2h43	4h46	6h40	8h42	10h44	12h44	14h45	**16h43**
3	18h50	20h53	22h47	0h49	2h47	4h50	6h44	8h46	10h48	12h48	14h49	16h47
4	18h54	20h57	22h51	0h53	2h51	4h54	6h48	8h50	10h52	12h52	14h53	16h51
5	18h58	21h00	22h55	0h57	2h55	4h57	6h52	8h54	10h56	12h55	14h57	16h55
6	19h02	21h04	22h59	1h01	2h59	5h01	6h56	8h58	11h00	12h58	15h01	16h59
7	19h06	21h08	23h03	1h05	3h03	5h05	7h00	9h02	11h04	13h02	15h05	17h03
8	19h10	21h12	23h07	1h09	3h07	5h09	7h04	9h06	11h08	13h06	15h09	17h07
9	19h14	21h16	23h11	1h13	3h11	5h13	7h08	9h10	11h12	13h10	15h13	17h11
10	19h18	21h20	23h14	1h17	3h15	5h17	7h12	9h14	11h16	13h14	15h17	17h15
11	19h22	21h24	23h18	1h21	3h19	5h21	7h15	9h18	11h20	13h18	15h21	17h19
12	19h26	21h28	23h22	1h25	3h23	5h25	7h19	9h22	11h24	13h22	15h24	17h23
13	19h30	21h32	23h26	1h29	3h27	5h29	7h23	9h26	11h28	13h26	15h28	17h27
14	19h34	21h36	23h30	1h32	3h31	5h33	7h27	9h30	11h32	13h30	15h32	17h31
15	19h38	21h40	23h34	1h36	3h35	5h37	7h31	9h33	11h36	13h34	15h36	17h34
16	19h42	21h44	23h38	1h40	3h39	5h41	7h35	9h37	11h40	13h38	15h40	17h38
17	19h46	21h48	23h42	1h44	3h43	5h45	7h39	9h41	11h44	13h42	15h44	17h42
18	19h49	21h52	23h46	1h48	3h47	5h49	7h43	9h45	11h48	13h46	15h48	17h46
19	19h53	21h56	23h50	1h52	3h50	5h53	7h47	9h49	11h52	13h50	15h52	17h50
20	19h57	22h00	23h54	1h56	3h54	5h57	7h51	9h53	11h55	13h54	15h56	17h54
21	20h02	22h04	23h58	2h00	3h58	6h01	7h55	9h57	11h58	13h58	16h00	17h58
22	20h06	22h08	0h02	2h04	4h02	6h05	7h59	10h01	12h02	14h02	16h04	18h02
23	20h10	22h12	0h06	2h06	4h06	6h09	8h03	10h05	12h06	14h06	16h08	18h06
24	20h14	22h16	0h10	2h12	4h10	6h13	8h07	10h09	12h10	14h10	16h12	18h10
25	20h18	22h20	0h14	2h16	4h14	6h17	8h11	10h13	12h14	14h14	16h16	18h14
26	20h22	22h24	0h18	2h20	4h18	6h21	8h15	10h17	12h18	14h18	16h20	18h18
27	20h26	22h27	0h23	2h24	4h22	6h24	8h19	10h21	12h22	14h22	16h24	18h22
28	20h30	22h31	0h26	2h28	4h26	6h28	8h23	10h25	12h26	14h26	16h28	18h26
29	20h33	22h35	0h30	2h32	4h30	6h32	8h26	10h29	12h30	14h29	16h32	18h30
30	20h37		0h34	2h36	4h34	6h36	8h30	10h33	12h36	14h33	16h36	18h34
31	20h41		0h37		4h38		8h34	10h37		14h37		18h38

Tabela 4 — Signo Ascendente

	lat. 5°	lat. 10°	lat. 15°	lat. 20°	lat. 25°	lat. 30°	
das	06:00	06:00	06:00	06:00	06:00	06:00	Áries
às	07:59	08:04	08:09	08:14	08:19	08:24	
das	08:00	08:05	08:10	08:15	08:20	08:25	Touro
às	09:59	10:09	10:19	10:29	10:39	10:49	
das	10:00	10:10	10:20	10:30	10:40	10:50	Gêmeos
às	12:19	12:29	12:39	12:49	12:59	13:09	
das	12:30	12:40	12:50	13:00	13:10	13:10	Câncer
às	13:39	13:54	14:09	14:24	14:39	14:54	
das	13:40	13:55	14:10	14:25	14:40	14:55	Leão
às	15:39	15:49	15:59	16:09	16:19	16:29	
das	15:40	15:50	16:00	16:10	16:20	16:30	Virgem
às	17:59	17:59	17:59	17:59	17:59	17:59	
das	18:00	18:00	18:00	18:00	18:00	18:00	Libra
às	20:19	20:09	19:59	19:49	19:39	19:29	
das	20:20	20:10	20:00	19:50	19:40	19:30	Escorpião
às	22:19	22:04	21:49	21:34	21:19	21:04	
das	22:20	22:05	21:50	21:35	21:20	21:05	Sagitário
às	23:39	23:29	23:19	23:09	22:59	22:49	
das	23:40	23:30	23:20	23:10	23:00	22:50	Capricórnio
à	01:59	01:49	01:39	01:29	01:19	01:09	
das	02:00	01:50	01:40	01:30	01:20	01:10	Aquário
às	03:59	03:54	03:49	03:49	03:39	03:34	
das	04:00	03:55	03:50	03:45	03:40	03:35	Peixes
às	05:59	05:59	05:59	05:59	05:59	05:59	

As combinações de Escorpião e o ascendente

Elemento fundamental para que se determine o temperamento do nativo, especialmente em sua maturidade, o signo ascendente permite combinações de características dos signos que atenuam ou intensificam influências sobre o nativo.

Por isso, é muito importante a análise combinada desses elementos, para se chegar a um quadro mais realista das características de uma pessoa, levando-se em conta o fato de que o ascendente atua diretamente sobre o "eu" interior, a forma de se expressar diante do mundo e os talentos e tendências que guardamos para nós mesmos.

Daí a importância da consideração do signo ascendente na análise de características, o que deve ser feito com cautela, pois, muitas vezes, uma diferença de poucos minutos pode mudar de forma sensível o cálculo para encontrá-lo, levando a pessoa a erros e comprometendo sua determinação exata.

Tradicionalmente, nos acostumamos a considerar correto e definitivo como nosso horário de nascimento aquele que consta em nossa certidão de registro civil, embora tal dado não seja inteiramente confiável, em razão da tendência de se "arredondarem" os horários.

Essa tendência existe no Brasil, notadamente no

interior, e, poucas vezes, as pessoas anotam com exatidão o momento da primeira inspiração que a criança faz ao nascer. Por vezes, se a criança nasce, por exemplo, às 22h32, é registrada como tendo nascido às 22h00. Isso pode levar a um cálculo inteiramente errado do ascendente. Por isso, é importante obter a informação, com pessoas mais íntimas, do exato momento do nascimento, antes da realização desse cálculo.

As combinações do signo solar com o signo ascendente sugerem as seguintes características adicionais para o nativo de Escorpião:

Escorpião com ascendente em:

Áries ♈ Os dois signos são regidos por Marte, o que mostra uma ampliação do caráter briguento e entusiasmado do nativo. Seu dinamismo é excepcional e o senso criador do escorpiano ganha feições bem mais originais e empolgantes. A necessidade de ação e a constância passam a integrar o temperamento de Escorpião, que vê atenuados seu rigor excessivo e a forma como conduz sua vida, indiferente aos outros. Cresce o senso social e humanitarista do signo. O nativo se mostra rebelde ao mando, organizado e bem mais realista.

Touro ♉ Escorpião, quando influenciado pela ascendência de seu signo oposto, Touro, mostra um temperamento mais criterioso e firme e vê ampliada a sua necessidade de segurança material. Traços de ansiedade e de rigor na avaliação alheia surgem na forma de agir do nativo, especialmente em sua vida profissional. Seu senso comercial e seu dom para negócios são bem mais firmes, e ele revela tino positivo para lidar com dinheiro próprio e alheio. A afetividade, neste caso, ganha maior sensualidade e refinamento em excelente combinação.

Gêmeos ♊ Uma combinação que une características bem diversas, complementares entre os dois signos, surge da influência geminiana sobre o escorpiano que absorve a racionalidade do seu ascendente e mantém atenuados o instinto e a emotividade de seu signo. Sua curiosidade é ampliada e a lógica passa a ser instrumento de sua ação. Bem falante, expressivo, meditativo e de raciocínio acurado e profundo, é versátil e tem interesses variados. Entedia-se facilmente. No amor, mostra interesses e problemas diversos. É muito preocupado.

Câncer ♋ A soma de elementos de dois signos da água amplia as características do escorpiano. Sua emotividade atinge altos graus e se torna mais expressiva, exigindo controle. O sentido social do nativo se acentua, assim como os dons de premonição e mediunidade. Seu humor é instável e depende do momento. O melhor da ascendência canceriana se faz sobre a imaginação do nativo, que alcança níveis muito altos. Existe nele uma forte percepção extra-sensorial.

MAX KLIM

É introspectivo. No amor revela protecionismo, instinto maternal e muito apego à família.

Leão ♌ O temperamento do nativo com esta combinação forte e esfuziante revela notável criatividade e maior disposição para o trabalho, desde que este o satisfaça. Tem ele uma noção bem maior de sua imagem diante do mundo. Revela capacidade de organização e liderança e, no trabalho, busca sempre cargos mais altos e os de chefia. Extremamente passional, se entusiasma facilmente com tudo o que faz. É extravagante e sua ambição pessoal muito forte. O nativo deve aprender a ouvir e aceitar conselhos. Afetivamente, é muito dominador.

Virgem ♍ Uma das mais felizes combinações do zodíaco, a ascendência virgiana em Escorpião dá ao nativo um temperamento fortemente analítico, crítico, pesquisador e determinado. Realista e com os pés no chão, quando não é dominado pelo passionalismo escorpiano, mostra-se mais enérgico e firme nas suas convicções. É imaginativo e preocupado. Detalhista, com certo comedimento, é bastante racional em tudo o que faz e nisso se incluem também seus relacionamentos afetivos. Revela harmonia e equilíbrio no agir e no pensar.

Libra ♎ O espírito de equilíbrio do temperamento libriano se expressa no escorpiano com uma força que muda as tendências dominadoras do signo. Assim, o nativo é menos impulsivo e apaixonado, mais equili-

ESCORPIÃO – COLEÇÃO VOCÊ E SEU SIGNO ♏ 157

brado e seguro. Sua força criadora no trabalho o leva a atuar até o limite do necessário, sem exageros. Tem notável capacidade de se desligar das tensões e preocupações. Reage brusca e fortemente à ofensa e à provocação. Busca incessantemente a aprovação alheia e a admiração daqueles com quem convive. É romântico e carinhoso.

Escorpião ♏ O duplo escorpiano tem acentuados, e até extremados, alguns dos dons típicos do seu signo, especialmente o passionalismo, a determinação, a vontade criadora e o domínio que exerce sobre os outros. O temperamento deste nativo depende basicamente das posições planetárias de seu mapa natal. Mas, habitualmente, é criativo e forte, ambicioso e egocêntrico. Apresenta um forte sentido de honestidade e organização. Sua energia é muito grande e ele a aplica a tudo o que faz e pensa. Suas reações podem tender à violência e à precipitação.

Sagitário ♐ Um tipo cerebral, com intelecto altamente evoluído e voltado para o caráter filosófico da vida. Assim é o nativo com esta ascendência. Dotado de forte amor pela vida e de uma acentuada ânsia por liberdade e pela mudança de ambiente, revela um lado controverso que envolve alegria exterior e tristeza interior, extroversão e solidão. Os excessos escorpianos são bem mais contidos e o amor pela justiça tempera seus atos. Tem senso crítico e se precipita com a avaliação do comportamento alheio. No amor, é ardente e estimulante.

Capricórnio ♑ Uma boa combinação, com elementos que dizem de enorme força de vontade e energia canalizada em sentido produtivo, nasce com o temperamento do nativo que recebe influências benéficas de seus dois signos. É ambicioso, exigente e organizado. Mostra determinação na busca do sucesso, e o racionalismo impera com mais evidência em sua maneira de ser. Sabe enfrentar e vencer obstáculos e revela uma natureza passional mais sutil e voltada para objetivos práticos. É bem apegado ao trabalho e à família.

Aquário ♒ A ascendência de Aquário molda um temperamento individualista e avançado, em contraste com as concepções conservadoras de Escorpião que, embora permaneçam, se expressam de maneira mais tênue. A sociabilidade integra de forma realista a vida do nativo. Ele se mostra rebelde e se insurge contra o mando e o domínio alheios. É determinado e sua capacidade criadora é muito acentuada, especialmente em processos ligados ao trabalho. Original, é sensual, apegado e muito fascinante no amor.

Peixes ♓ A influência pisciana no temperamento do nativo se dá no aprofundamento das emoções e em forte sensibilidade, o que faz do escorpiano com esta ascendência uma pessoa mais controlada e suave nos seus sentimentos, com bom sentido de humanitarismo. Se lhe falta praticidade, sobram-lhe elementos de criatividade. Sua ambição é mais contida e realista. Influenciável pela opinião alheia, é determinado quando convencido em seus sentimentos. É bem mais apegado ao lar e à família e mostra um sentido maior de fidelidade e estabilidade.

Bibliografia

ALVES, Castro. *Espumas flutuantes*. Rio de Janeiro. Ediouro, 1997.

AUSTREGÉSILO, Eliane Lobato. *Como interpretar se mapa astrológico*. Rio de Janeiro: Tecnoprint, 1981.

BALBACH, A. *As plantas curam*. São Paulo: Edições MVP, 1969.

BECKER, Idel. *Pequena história da civilização ocidental* São Paulo: Companhia Editora Nacional, 1970.

BENEDETTI, Valdenir. *As quatro estações do homem*. São Paulo: Editora Três, nº 4, nov. de 1986.

——. *Astrologia Hoje*, Todos têm suas fantasias eróticas. São Paulo: Editora Três, nº 5, dez. de 1988.

BISHOP, Jim. *O dia em que Lincoln foi assassinado*. Rio de Janeiro: Record, 1983.

BISHOP, Jim, LACERDA, Carlos. *Esta noite vou matar Lincoln*. Rio de Janeiro: Reader's Digest, v. 6, 1958.

CHANDU, Jack F. *Os signos do zodíaco*. Lisboa: Editorial Presença/Martins Fontes, 1972. 12 v.

DELORME, Renée Jeane, MIOLLA, Hermes. *A cura pelas plantas*. Porto Alegre: Escola Superior de Teologia São Lourenço de Brindes, 1980.

ENCICLOPÉDIA BARSA. Verbetes diversos. Rio de Janeiro: Encyclopaedia Britannica do Brasil Publicações Ltda., 1980.

ENCICLOPÉDIA DELTA LAROUSSE, Verbetes diversos. Rio de Janeiro: Editora Delta, 1980.

ENCICLOPÉDIA LAROUSSE CULTURAL. São Paulo: Nova Cultural, 1998.

ESTUDOS. East-West Astrology Education Partners. Astrology Overview, Internet Home Page. www.astrologyoverview.com (1998/1999).

ETCHEPARE, Rosa M. D. M. Os signos e o modo de amar. *Astrologia Hoje*, São Paulo: Editora Três, nº 5, dez. de 1986.

FACCIOLLO Neto, Antônio, FACCIOLLO, Vera. *Guia astrológico de bolso*.

INSTITUTO PAULISTA DE ASTROLOGIA. São Paulo· Nova Cultural, 1991.

FREEMAN, Martin. *How to interpret your birth chart*. Nova York: Thorsons Publishing Group, 1981.

GOODMAN, Linda. *Seu futuro astrológico*. 6ª ed. Rio de Janeiro: Record, 1968.

HOLLANDER, Cláudia. Método simplificado para calcular o signo ascendente. *Planeta*, São Paulo: Editora Três, dez. de 1981.

HUNT, Diana. *A astrologia e o amor*. 2ª ed. Rio de Janeiro: Casa Editora Vecchi, 1985.

KERSTEN, Holger. *Jesus viveu na Índia*. São Paulo: Best Seller, 1987.

LAROUSSE CULTURAL, GRANDE ENCICLOPÉDIA. Verbetes diversos. São Paulo: Nova Cultural, 1998.

LEE, Dal. *Dicionário de Astrologia*. Nova York: Coronet Communications, Inc, 1968.

MARCH, Marion, MCEVERS, Joan. *Curso básico de astrologia*. 10ª ed. São Paulo: O Pensamento, 1981. 3º vol.

ESCORPIÃO – COLEÇÃO VOCÊ E SEU SIGNO ♏ 163

OKEN, Alan. *Astrologia: evolução e revolução*. Rio de Janeiro. Nova Fronteira, 1973.

PINTONELLO, Aquiles. *Os papas — Síntese histórica*. São Paulo: Paulinas, 1986.

REVISTA ASTRAL. Rio de Janeiro: Rio Gráfica Editora, ano II, nº 2, dez. de 1985.

SAKOIAN, Frances, ACKER, Louis S. *O manual do astrólogo*. São Paulo: Ágora, 1993.

SURBECK, Edwin. *O horóscopo de Jesus*. Editora Esotera. Berlim: 1986

VALADÃO, Alfredo. *Vultos nacionais*. 2ª ed. Rio de Janeiro: Freitas Bastos, 1974.

VÁRIOS AUTORES. *A sua sorte — Astrologia em fascículos*. São Paulo: Nova Cultural, 1985.

VÁRIOS AUTORES. *Curso prático de astrologia* (fascículos). Rio de Janeiro: Globo, 1988.

VÁRIOS AUTORES. *Scuola di astrologia* (fascículos). Roma/Milão. Edições Longanesi & C. Periodici/ Mondadori, 1985.

VÁRIOS AUTORES. *Zodiac. Datura Verlagsanstalt*. Berlim: Edições Triesenberg, 1972.

O autor

Com o pseudônimo Max Klim, o jornalista Carlos Alberto Lemes de Andrade é o responsável, há mais de três décadas, pelo horóscopo do *Jornal do Brasil* e de diversos órgãos diários da imprensa brasileira. Primeiro jornalista especializado em astrologia no país, além da coleção *Você e Seu Signo* em doze volumes, o autor escreve obra sobre a Era de Aquário, sob o título provisório de *Aquário: o enigma das eras*, um dos mais profundos estudos sobre as eras astrológicas e as mudanças que vive a espécie humana.

Jornalista, advogado, administrador de empresas e professor de história, Carlos Alberto nasceu em Campanha (MG) em 27 de março de 1943. Ingressou no jornalismo em 1960, em Ituiutaba, no Triângulo Mineiro, transferindo-se posteriormente para o Rio de Janeiro, onde foi, por 16 anos, funcionário do Sistema JB, ocupando funções de gerência na Agência JB.

Colunista de filatelia e responsável pelo horóscopo do *Jornal do Brasil*, além de seu colaborador eventual, foi tradutor da agência soviética Novosti, redator de verbetes dos livros do ano da *Enciclopédia Delta Larousse*, redator da *Revista Bolsa*, colaborador de diversos jornais, executivo Regional Sul da The United Press International e editor de jornais em Minas Gerais.

Historiador e autor das pesquisas históricas "Chibatas da liberdade", sobre a Inconfidência Mineira, e "Negro de guerra", sobre a Guerra do Paraguai, por tais estudos recebeu a medalha dos 200 anos da Inconfidência Mineira.

Atualmente, mantém páginas sobre astrologia em diversos *sites* da Internet, além de sua própria *home page* no endereço www.maxklim.com.

Este livro foi composto na tipologia Tiffany
Light, em corpo 10,5/14, e impresso em papel
Offset 90g/m² no Sistema Cameron da
Divisão Gráfica da Distribuidora Record.

Seja um Leitor Preferencial Record
e receba informações sobre nossos lançamentos.
Escreva para
RP Record
Caixa Postal 23.052
Rio de Janeiro, RJ – CEP 20922-970
dando seu nome e endereço
e tenha acesso a nossas ofertas especiais.

Válido somente no Brasil.

Ou visite a nossa *home page*:
http://www.record.com.br